JN430343

500

장난감 만들기

500

장난감 만들기

뜨개질, 니트, 펠트, 바느질

뉴엔 레이 지음
구혜영 · 한정민 옮김

skbooks

500 **장난감 만들기**

500 Toys to Make
Copyright © 2013 Quintet Publishing Limited.

Korean edition copyright © 2014 by Sekyung Books Publishing Co., Ltd.
Korean translation rights arranged with Quintet Publishing Ltd.
through EYA(Eric Yang Agency).
All rights reserved.

ISBN: 979-11-85611-10-5 13630

펴낸곳 / (주)세경북스(**skbooks**)
펴낸이 / 이은경
지은이 / 뉴엔 레이
옮긴이 / 구혜영 · 한정민
초판발행 / 2014년 8월 31일
서울시 서초구 반포본동 1313번지 반포프라자 606호
전화 : 02-596-3596
팩스 : 02-596-3597
값 15,000원

「이 도서의 국립중앙도서관 출판시도서목록(CIP)은
서지정보유통지원시스템 홈페이지(http://seoji.nl.go.kr)와
국가자료공동목록시스템(http://www.nl.go.kr/kolisnet)에서
이용하실 수 있습니다.(CIP제어번호: CIP2014014321)」

목차

서문

손수 만든 핸드메이드 장난감은 선물이든 자신을 위한 것이든 특별하게 느껴진다. 누구에게 주더라도 감동과 즐거움을 줄 수 있을 것이다. 유년이 담긴 장난감은 나이가 들어서도 기억되며 대를 잇는 경우도 있다. 또한 창의력과 상상력을 불어넣기도 하고 위로가 되기도 한다. 이 책은 뜨개질, 바느질, 코바늘 뜨개질, 펠트를 즐기는 사람들에게 장난감을 만드는 지침서가 되어 재미있는 작품을 만들 수 있게 할 것이다.

나는 새로운 작품을 시작할 때마다 완성품을 볼 생각에 마음이 급해진다. 이 책의 장점 중 하나는 작품의 크기가 작아 몇 시간이면 완성할 수 있다는 점이다. 나처럼 급한 사람들에게는 더없이 좋다.

500 장난감은 귀엽고 사랑스러운 작품으로 가득 차 있다. 결혼이나 출산, 생일이나 집들이 선물로도 활용할 수 있으며 나를 위한 특별한 선물이 될 수도 있다. 고전적인 작품들은 아마도 세대를 넘어 사랑받을 것이다. 아이디어와 영감을 얻어 여러분만의 작품을 직접 만들어보길 바란다.

이 책의 도안들은 기본적인 뜨개질과 코바늘 뜨개질 그리고 기본 바느질을 활용하므로 초보들도 쉽게 접근할 수 있으며 귀여운 작품들은 뜨개질 고수도 만들고 싶어진다. 먼저 장난감 만드는 방법과 함께 5가지 응용 아이디어를 소개한다. 만들고 싶은 것을 선택하고 재료를 고르는 시간들이 즐거울 수 있기를 바란다.

누엔 레이

필요한 도구와 재료

대바늘

대바늘은 가벼운 메탈, 나무, 대나무, 플라스틱 등으로 만들어지며 다양한 길이와 두께가 있다. 바늘의 크기는 실의 두께나 작품에 들어가는 코 수에 따라 달라진다.

바늘 게이지와 자

게이지와 자는 바늘에 치수가 적혀있지 않거나 센티미터와 인치 같이 다른 규격의 치수로 변환할 때 편리하다. 사용법은 알맞은 크기를 찾을 때까지 바늘을 구멍에 넣어보면 된다. 한쪽은 자이고 다른 쪽은 바늘 게이지가 있다. 인치와 센티미터가 함께 표시된 150cm가 편리하다. 도안 중에는 치수를 재고 사각형으로 잘라야 하는 것도 있는데, 이런 경우 자는 반듯한 선을 그릴 수 있게 해준다.

코바늘

코바늘도 가벼운 메탈, 나무, 대나무, 플라스틱으로 만들어지며 다양한 크기가 있다. 대바늘과 다른 점은 끝에 코가 있다는 점이며 뜨개질에는 한쪽 코만 사용한다. 필요한 바늘의 크기는 실의 두께와 작품에 필요한 코 수에 따라 달라진다.

단 계수기

단 계수기는 뜬 단의 개수를 세어준다.

가위

실을 자르거나 실 끝을 다듬을 때는 작고 뾰족한 가위가 좋다. 원단 전단기는 원단에서 도안을 자르는 데 사용한다.

스티치 마커

스티치 마커는 땀이나 반복되는 패턴을 세고 원형 뜨개질에서 시작점을 표시할 때 유용하다. 여러 종류의 마커가 있는데 대바늘 마커는 원형 뜨개질을 할 때 대바늘 위에 놓을 수 있으며 코바늘 마커는 원의 첫 번째 땀에 넣었다 뺐다 할 수 있는 구멍이 있다.

줄자와 자

어떤 작품은 길이를 확인해야 하는 경우가 있기 때문에 자가 필요하다.

핀

핀은 뜨개질이나 바느질을 할 때 여러 조각을 고정하기 위해 사용한다. 끝이 밝은 색상을 띤 것이 좋다.

바느질용 바늘과 자수용 바늘

바느질용 바늘도 크기가 다양하다. 바늘구멍은 실이 들어갈 정도로 커야 하며 끝은 다소 뭉툭한 것이 좋다. 수놓는 바늘구멍은 바느질용보다 크며 용도에 따라 다양한 길이와 크기가 있다. 바늘이 천에 끼거나 구멍을 남기지 않고 잘 빠져 나올 수 있는 두께여야 한다.

펠트용 바늘과 펠트용 폼 패드

펠트 바늘에도 여러 크기가 있다. 40-42 정도로 작은 사이즈의 바늘은 끝이 뾰족하고 섬세한 울이나 정교한 작업 등에 사용하며 36-38 정도로 큰 사이즈의 바늘은 성근 울에 사용한다. 나는 중간 정도인 38을 주로 사용하는데, 섬세한 작업과 덜 정교한 작업에 모두 사용할 수 있다. 폼 패드는 테이블과 바늘을 보호하기 위해 필요하다. 작업할 때 바닥에 깔면 된다. 바늘 펠트 폼을 따로 구입해도 되지만 뜨개질용품 파는 곳에서 쉽게 찾을 수 있는 쿠션용 정도면 충분하다.

재봉틀

재봉틀도 여러 종류가 있지만 기본 바느질은 동일하다. 이 책에서는 직선과 지그재그 바느질이 사용된다. 재봉틀은 큰 작품을 만들 때 유용하지만 이 책의 작은 작품에는 사용하지 않아도 된다. 재봉틀이 있으면 활용하되, 없다면 손으로 꿰매면 된다.

초크

초크는 잘 보일 수 있도록 천의 색상에 따라 진한 색이나 연한 색을 골라 사용한다. 천을 세탁하거나 문지르면 금세 없어진다.

수용성 마커

바느질 패턴을 천에 그릴 때 유용하다. 이 또한 세탁하면 없어 진다.

포인트 터너

포인트 터너는 플라스틱이나 나무로 만들어져 있으며 모서리나 곡선의 솔기를 바로잡는 데 사용한다. 따로 구입해도 되고 젓가 락이나 뜨개질용 바늘을 사용해도 된다.

다리미

다림질은 천을 빳빳하게 만들고 단이나 솔기를 납작하게 만들어 바느질을 편하게 해준다.

면

이 책에 소개되는 대부분의 패턴은 100% 면직물이다. 면에도 여러 종류가 있는데 이 책에서는 경 량에서 중량 정도의 면을 사용한다. 집에 다른 종류의 천이 있다면 얼마든지 대체 가능하다. 이 책의 작은 장난감들은 집에 뒹구는 작은 조각들을 활용해 얼마든지 만들 수 있다.

펠트

펠트 천에는 공예용과 모직용, 두 가지가 있다. 이 책에서는 양모와 레이온이 함유된 직물을 사 용한 패턴이 몇 가지 소개되는데 다른 펠트로 대체가능하다. 나 역시 몇 가지 작품에서 모직과 인 조견이 섞인 천을 사용했는데 여러분이 좋아하는 펠트로 바꿔도 괜찮다. 공예용 펠트는 모직보다 훨씬 저렴하며 합성섬유는 중간 정도의 가격이다.

털실

털실 또한 섬유의 질과 색상, 무게 등이 다양하다. 여기서는 주로 모직이나 면 혼방이 사용되는데 다른 종류를 사용해도 상관없다. 하지만 선택한 털실에 적합한 두께의 바늘을 고르도록 한다(뜨개질 신축성 참조). 털실에 따라 대바늘이나 코바늘의 두께가 달라진다.

울 로빙 혹은 조방사(粗紡絲, roving)

방적사로 짜지 않은, 실로 만들어지기 직전의 섬유로 탈지면 솜처럼 부드럽다. 여기서는 면과 펠트 천에 적합한 코리데일(Corriedale) 같이 좀 더 거친 것을 사용한다.

실

털실과 마찬가지로 실 또한 여러 종류가 있다. 이 책의 여러 작품에는 면이나 다용도 폴리에스테르 실이 적합하다.

자수용 실

자수용 실은 바느질용보다 굵으며 6가닥의 실이 꼬여 만들어진다. 꼬인 실을 풀어 원하는 굵기를 맞춘다. 얼굴 같이 정교한 부분을 만들 때는 2가닥이 적당하다.

뜨개질 신축성

이 책에 소개된 작품들은 의류가 아닌 장난감이다. 조금 작거나 크게 만들어져도 큰 문제가 되지 않는다. 하지만 털실을 교체할 때 단이 단단하여 안에 채운 내용물이 보이지 않도록 해야 한다. 그럴 때는 바늘의 굵기를 하나 또는 두 사이즈 정도 줄인다. 견본을 활용하면 팽팽한 정도에 맞추기 위해 어느 정도 크기의 바늘이나 후크를 사용해야 하는지 알 수 있다. 뜨개질 견본을 잡아당겨 내용물이 채워졌을 때 어떻게 보일지 확인하고 내용물을 어느 정도 채워 넣을 것인지 결정한다. 코바늘 뜨개질은 대바늘 뜨개질보다 단단하며 잡아당기지 않고도 구멍을 확인할 수 있다.

필수 테크닉

대바늘 뜨개질
매듭짓기

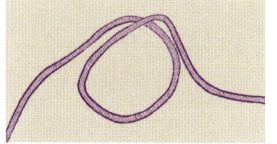

1 실을 양 손으로 잡고 작은 원을 만든다. 오른손으로 잡고 있는 실을 원 아래에 놓는다.

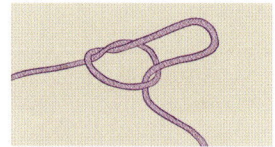

2 이 실을 원 안으로 잡아당겨 매듭짓는다. 실을 끝까지 잡아당기지 않는다.

3 바늘을 매듭 안에 넣는다.

바늘 잡기

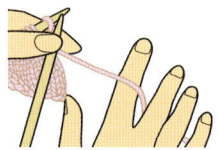

영국식

바늘은 왼손으로 잡고, 실은 오른손으로 잡아 오른쪽 바늘에 감으면서 뜬다.

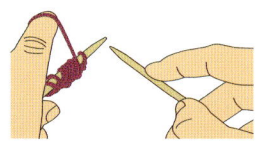

유럽식

실은 왼손으로 잡고, 오른쪽 바늘로 왼손의 실을 하나씩 뜬다.

코 만들기

뜨개질의 시작은 코를 만드는 것이며 바늘에 첫 단을 만들어 준다. 아래는 케이블 방식을 설명한 그림이며, 다른 방식을 선호한다면 그 방법을 사용해도 무관하다.

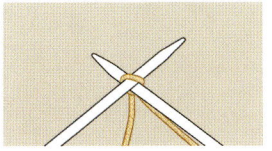

1 대바늘을 매듭에 넣고 바늘을 왼손으로 잡는다. 오른쪽 대바늘을 앞에서 뒤쪽으로 매듭 안에 집어넣는다.

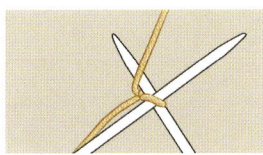

2 실을 오른손에 잡고 오른쪽 바늘에 뒤에서 앞으로 시계 반대 방향으로 감는다.

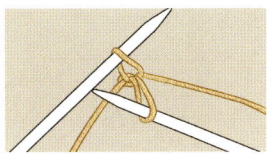

3 오른쪽 바늘의 매듭이 빠지지 않도록 하고 왼쪽 바늘의 고리에 넣고 빼 코를 뜬다.

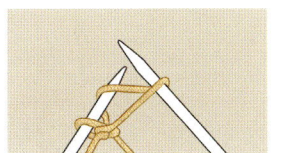

4 왼쪽 바늘을 새로 만든 위쪽으로 넣고 오른쪽 바늘을 뺀다.

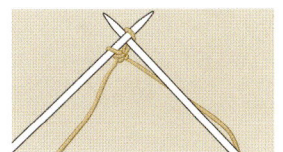

5 왼쪽 바늘 맨 끝의 코 2개 사이에 오른쪽 바늘을 넣고 2~4를 반복해 코를 뜬다.

겉뜨기와 안뜨기

뜨개질은 대부분 겉뜨기와 안뜨기 두 가지로 이뤄진다.

겉뜨기

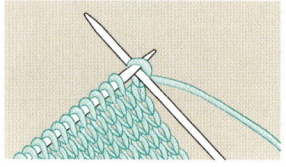
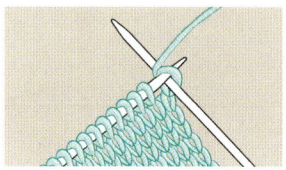
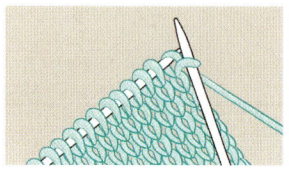

1 뜨개질할 바늘을 왼손에 잡고 실을 뒤에 둔다.

2 오른손의 바늘을 앞에서 뒤로 코 안에 넣는다. 실을 위로 감아 고리를 만든다.

3 왼쪽 바늘을 빼고 오른쪽 바늘에 새 고리를 옮긴다.

안뜨기

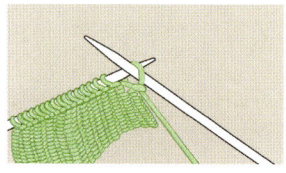
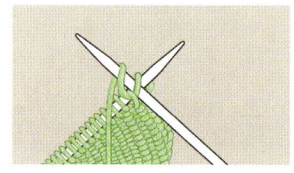
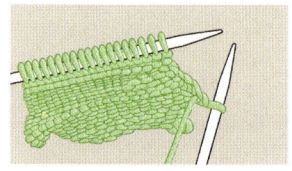

1 안뜨기할 편물을 왼손으로 잡고 실을 앞쪽으로 놓는다.

2 오른쪽 바늘을 코 앞쪽에서 우에서 좌로 넣는다. 실을 위에서 아래로 감싸 고리를 만든다.

3 바늘과 고리를 뒤쪽으로 하여 왼쪽 바늘에서 코를 뺀다.

코만들기

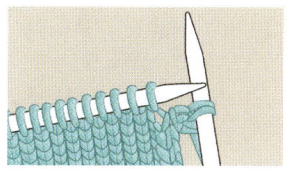

1 가장자리를 만들기 위해 코를 빼는 방법이다. 먼저 2코를 뜬다.

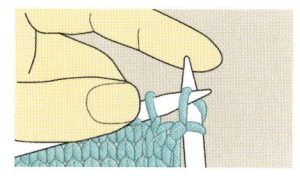

2 왼쪽 바늘을 오른쪽 바늘의 첫 번째 코에 넣고 두 번째 코와 바늘을 빼낸다.

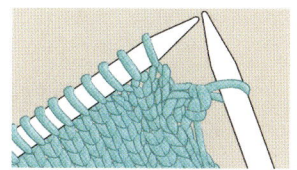

3 다시 1코를 떠 오른쪽 바늘에 2코가 만들어지게 한다.

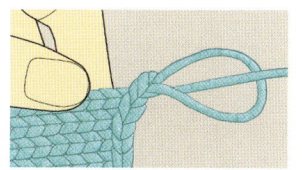

4 2–3번을 왼쪽 바늘 코끝까지 반복한 후 코 하나가 오른쪽 바늘에 남아있도록 한다. 마지막 코의 고리를 좀 더 크게 만들고 실을 잘라 고리 안에 넣고 당겨서 고정한다.

대바늘 뜨개질의 변형

가터뜨기(garter stitch)
겉뜨기나 안뜨기만 반복해서 뜨면 가터뜨기가 된다. 뜨개질한 양면이 동일하다.

스타킹뜨기(stocking stitch)
겉뜨기와 안뜨기를 번갈아 뜬다. 스타킹뜨기는 뜨개질한 양쪽 면이 다르다. 앞면은 부드럽고 지그재그 패턴이 보이며 뒷면은 울퉁불퉁하지만 가터뜨기와 다소 유사해 보인다.

멍석뜨기(seed stitch 혹은 moss stitch)
멍석뜨기는 작은 씨앗이 쭉 놓여있는 것처럼 보인다. 한 줄은 겉뜨기 1코와 안뜨기 1코로 번갈아 뜨고, 그 다음 줄은 안뜨기 1코와 겉뜨기 1코로 번갈아 뜬다.

1코 만들기(m1)
겉뜨기하면서 코 사이에 1코씩 더 뜬다. 코 사이를 통해 깔끔하게 단을 늘리는 방법이다.

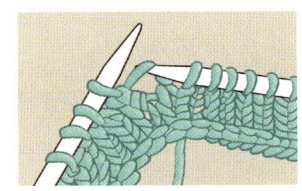

1 오른쪽 바늘을 코 사이의 가닥 아래에 앞쪽에서 뒤로 넣는다.

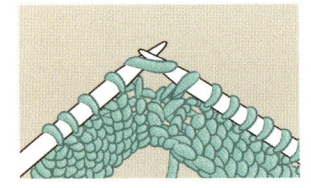

2 고리를 왼쪽 바늘로 옮기고 오른쪽 바늘은 뺀다.

2코 모아 겉뜨기(k2tog)

두 개 이상의 코를 같이 떠 코를 줄일 수 있다. 그러면 오른쪽에 경사가 만들어진다.

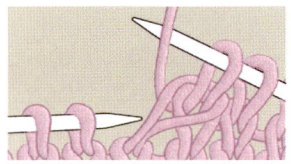

1 오른쪽 바늘로 왼쪽 바늘의 두 코에 앞에서 뒤로 넣고 오른쪽 바늘에 실을 감는다.

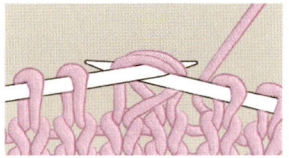

2 두 코를 한꺼번에 겉뜨기한 후 왼쪽 바늘에서 오른쪽 바늘로 옮긴다.

3 오른쪽 바늘을 바늘 뒤쪽 고리에 오른쪽에서 왼쪽으로 집어넣는다.

2코 모아 안뜨기(p2tog)

2개 이상의 코를 뒷면으로 뜨면 오른쪽에 경사가 만들어진다.

1 오른쪽 바늘로 왼쪽 바늘의 2코에 안뜨기 방식으로 넣는다.

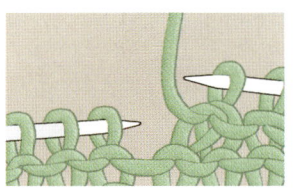

2 2코를 한 번에 안뜨기하고 왼쪽 바늘에서 오른쪽 바늘로 옮긴다.

4 겉뜨기를 하고 왼쪽 바늘을 빼면 오른쪽 바늘에 새 코가 생긴다.

2코 빼뜨기(ssk)

2코를 빼서 한 번에 겉뜨기하여 왼쪽으로 경사지게 코를 줄이는 방법이다.

중복뜨기

색상을 더하는 방법이다.

1 바느질용 바늘에 실을 꿰고 뜨개질된 편물의 V자 아래 중앙에 뒤에서 앞으로 바늘을 넣어 잡아당긴다.

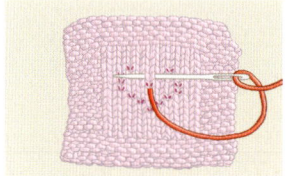

2 중복하는 코 위에 있는 코 바로 아래쪽으로 바늘을 오른쪽에서 넣어 왼쪽으로 잡아당긴다. 중복하는 코 위에 실이 얹어지도록 실을 살짝 당긴다.

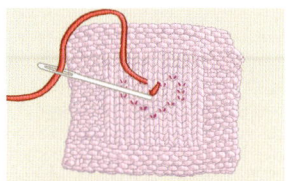

3 바늘을 처음 시작한 구멍에 앞에서 뒤로 넣는다. 이렇게 하면 중복 코가 완성된다.

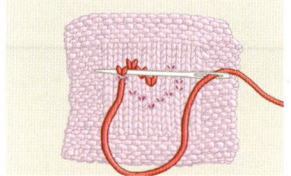

4 원하는 패턴이 나올 때까지 위 작업을 반복한다.

코드 자수(i-cord)

밧줄 모양의 작은 관처럼 뜨개질하는 간단한 방법이다.

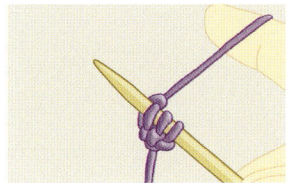

1 대바늘에 3코 정도 또는 필요한 굵기로 뜬다.

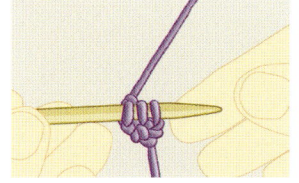

2 바늘의 반대편 방향(오른쪽 끝)으로 뜨개질한 코를 밀고 바늘을 다른 쪽 손으로 잡는다.

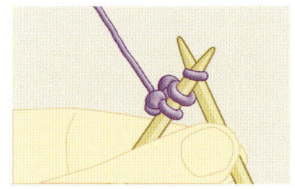

3 실을 단단히 잡아당기며 겉뜨기한다.

4 반복하여 원하는 길이로 만든다.

마무리하기

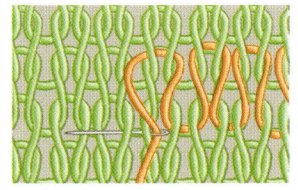

1 이미 뜨개질한 부분에 4-5cm 정도 중복으로 뜨개질하여 고정한다.

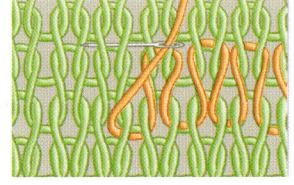

2 실 끝을 코 사이에 넣고 첫 번째 코 윗부분에 넣었다가 다시 코 아랫부분에 넣어 4-5cm 정도 뜨개질하여 고정한다.

매리야스뜨기(혹은 invisible seam)
두 조각을 붙일 때 사용하는 방법. 30쪽을 참조하자.

원형뜨기(dpns)
코를 3-4개의 바늘에 고루 뜬다. 다른 바늘을 사용해 한 바늘에서 코를 모두 떠 옮긴 후 빈 바늘을 사용해 다음 바늘의 코를 뜬다. 바늘을 옮길 때 코의 팽팽함이 동일하게 유지되도록 한다. 바늘을 새로 시작할 때 실을 단단히 잡고 코가 느슨해지지 않도록 유의한다. 코를 뜨기 전에 단이 꼬이지 않았는지 확인하고 첫 번째 코를 표시하기 위해 스티치 마커를 사용하자.

블로킹
뜨개질 작품의 모양을 다듬어주는 마무리 방법으로 편물을 서로 연결할 때 코를 정돈한다. 적합한 크기의 블로킹 보드에 뜨개질 조각을 핀으로 고정한다(작은 조각들은 다리미판을 사용하곤 한다). 다리미로 살짝 밀거나 핀으로 고정한 후 물을 살짝 뿌린 후 말린다.

뜨개질 축약어

CO : 바늘에 코를 만든다.

BO : 코를 하나씩 뺀다.

k : 겉뜨기

p : 안뜨기

st : 코

sts : 코(여러 개)

st st : 스타킹뜨기

m1 : 1코 뜨기

k1f&b : 앞에서 겉뜨기할 때 바늘 뒤로 겉뜨기(꼬아뜨기)

k2tog : 2코 모아 겉뜨기

ssk : 2코 빼뜨기

dpn : 양쪽이 뾰족한 바늘(대바늘)

con't : 이어서

rep : 반복

R : 단

코바늘 뜨개질

바늘과 실 잡기

코바늘은 오버핸드 나이프와 펜슬 잡기 두 가지 방법이 있다.

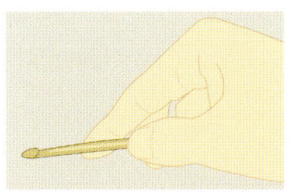 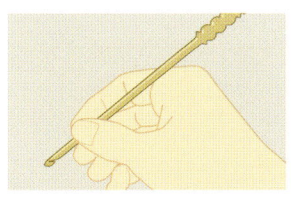

실을 왼손 두 번째 손가락 위로 감고 세 번째 손가락 아래에서 네 번째 손가락 위로 지나게 한다. 실이 너무 느슨하면 새끼손 가락에 다시 감아 단단하게 만들거나 두 번째 손가락에 두 번 감는다.

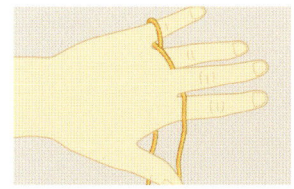 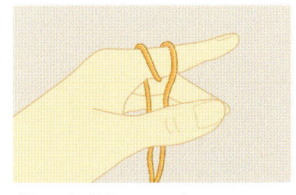

각자 시도해보고 자신에게 가장 맞는 방법을 고르자.

사슬뜨기(chain stitch)

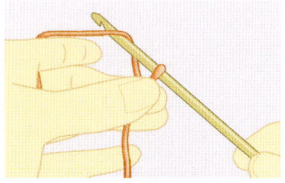
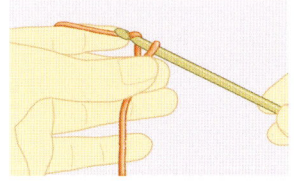
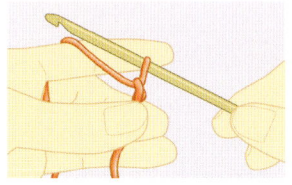

1 당기면 풀리는 매듭을 코바늘에 걸고 매듭을 엄지와 중지로 잡는다.

2 실로 바늘을 뒤쪽에서 감는다.

3 코바늘에 실을 걸고 고리 안으로 잡아당기면 사슬뜨기 1코가 만들어진다.

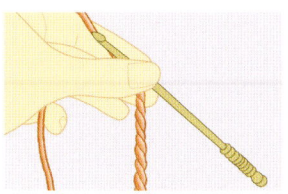
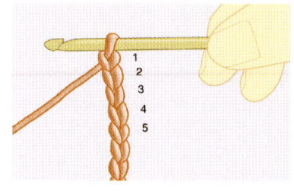

4 코가 느슨해지지 않도록 코를 뜨며 손가락으로 잡는다.

5 앞에서 보면 V자가 보여 코를 세기 편하다. 뒤집으면 코의 뒷면이 보인다.

중복뜨기(double crochet 혹은 dc)

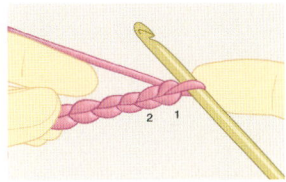

1 코바늘을 코의 두 번째 V자에 집어넣는다.

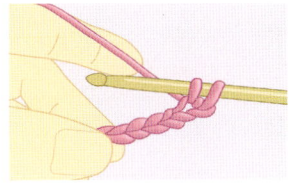

2 위로 감고 고리를 잡아당긴다. 바늘에 고리 2개가 생긴다.

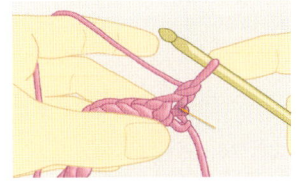

3 실을 고리 2개 사이로 잡아당겨 코를 만든다. 바늘을 다음 코에 넣고 2–3번을 반복한 후 다음 코를 뜬다.

4 다음 단을 뜰 때는 1코를 넣고 뒤집은 후 코바늘을 고리 2개 아래로 첫 번째 코에 넣은 후 2–3번 작업을 마치고 짧은뜨기로 1단을 완성한다.

긴뜨기(half tneble crochet 혹은 htr)

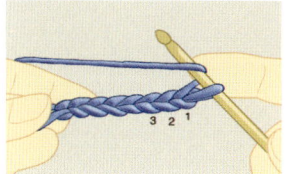

1 실을 뒤에서 감고 코바늘에서 세 번째 코에 바늘을 집어넣는다.

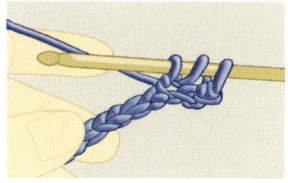

2 실을 뒤에서 감고 고리를 잡아당 긴다. 바늘에 고리가 3개 있다.

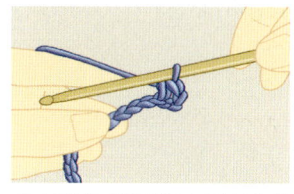

3 뒤에서 실을 감고 고리 3개 안 으로 잡아당겨 코를 만든다. 뒤 에서 실을 감고 코바늘을 다음 코에 넣고 2–3번을 반복한다. 남은 코에 반복한다.

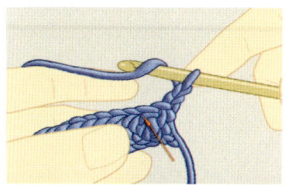

4 다음 단을 만들려면 2코 사슬 뜨기하고 천을 돌린다. 코바늘 을 두 번째 코에 넣는다(사슬뜨기 2코가 하나로 간주되므로 첫 번째 코는 건너뛴다). 위 2개 고리 아래 에서 2–3번 작업을 한다.

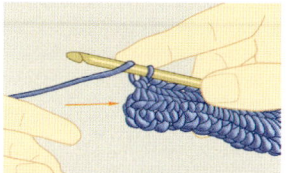

5 코를 계속 떠 단을 만든다. 마 지막 코를 돌리면 다음 단의 첫 코가 된다.

일부 도안에서는 이러한 사슬 뜨기 2코를 코로 간주하지 않 는데 단 끝에 틈을 만들기 때 문이다. 그런 경우 단의 첫 코 를 다음 단의 시작 코로 작업 하고 단 끝의 코를 돌려 작업 하지 않는다.

원형뜨기(magic ring)

빽빽하게 떠서 단단한 원의 중
앙을 만드는 방법이다. 미끄러
운 실은 끝이 풀릴 수 있으므
로 이 방법을 사용하지 않는
것이 좋다.

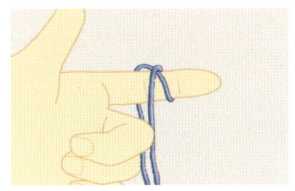

1 실을 두 번째 손가락에 시계 반
대 방향으로 감고 실을 교차시
킨다. 나중에 사용하기 위해 15cm
정도 남긴다.

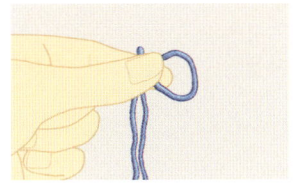

2 교차시킨 X 모양을 잡고 손가락
에서 고리를 뺀다.

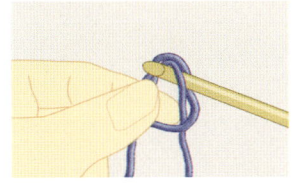

3 코바늘을 실의 뒤, 고리 앞부분
에 집어넣는다.

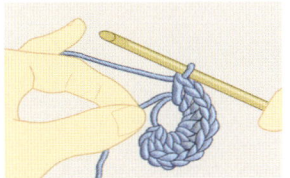

4 실로 고리를 만들고 코바늘에
검지로 건다. 뒤에서 실을 감고
1코 사슬뜨기하여 고정한다. 고리
와 실 끝을 모두 코바늘뜨기하여 첫
번째 단을 완성한다. 실 끝을 당겨
단단하게 마무리한다.

코 늘리기(Increasing)

코 수를 늘리려면 다음 단을 뜨면서 코를 추가한다.

중복뜨기 줄이기(double crochet decrease)

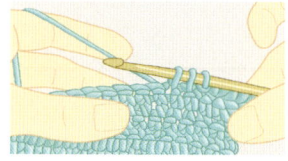 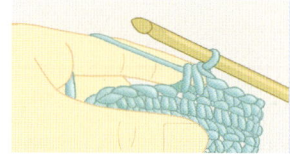

1 코바늘을 첫 번째 코에 넣고 고리를 잡아당긴다. 코바늘을 다음 코에 넣고 고리를 잡아당긴다.

2 코바늘에 고리 3개가 있다. 뒤에서 실을 감고 3코 안으로 당긴다.

새 실 연결하기 & 실 색상 바꾸기

한 단이 끝나 새 실을 연결하거나 실 색상을 바꿀 때 다음과 같은 방법으로 실을 연결한다.

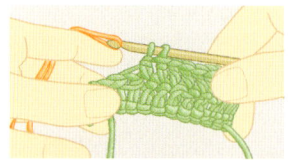 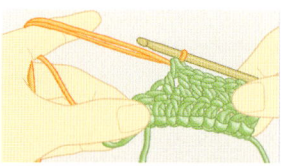

1 한 단을 마무리할 때 코바늘에 2코를 남긴다.

2 쓰던 실을 뒤로 놓고 새 실을 감아 코를 완성한다. 새 실로 계속 코를 뜬다.

마무리하기

바늘을 사용해 실 끝을 뒷면에 끼워 넣는다. 실을 5cm 정도 코에 넣고 반대 방향으로 2.5cm 정도 끼워 넣어 끝이 느슨해지지 않게 한다. 실을 끼워 고리 안에 넣되 실을 뚫고 들어가지 않게 한다.

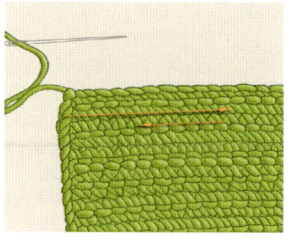

코바늘 약어

ch : 사슬뜨기
dc : 중복뜨기
htr : 긴뜨기
st : 코
sts : 코(여러 개)
dc2tog : 2코 모아 중복뜨기
skp : 건너뛰기
con't : 이어서
rep : 반복
rnd : 둥글게뜨기(단)

니들펠트

니들펠트는 바늘, 털 뭉치 같이 생긴 펠트, 폼 쿠션이 필요하다. 크기가 큰 조각을 바느질할 경우를 위해 바늘을 6개까지 고정할 수 있는 펠트용 바늘 홀더가 있다. 여러 바늘을 사용하면 펠트 작업이 훨씬 신속해진다. 개인적으로 한 번에 2-3개 정도의 바늘을 사용해 모양을 잡고 세부작업을 하는 데 또 다른 바늘을 사용한다.

니들펠트는 펠트용 바늘을 사용해 울의 모양을 만드는 방법이다. 바늘 끝에 작은 촉이 있어 울에 집어넣고 반복해서 찌르면 섬유가 얽혀 단단해진다. 바늘을 원하는 부분에 넣었다 뺐다하여 모양을 잡는다. 바늘이 뾰족하여 다칠 수 있으니 주의한다.

작업 테이블과 바늘을 보호하기 위해 폼 쿠션을 항상 아래에 놓고 작업한다. 바늘이 부러지기 쉬우니 손과 다른 쪽 방향으로 돌리지 않도록 한다. 팔과 같은 방향으로 바늘을 움직이고 양모에 돌리지 말고 일직선으로 찌른다. 양모를 뒤집어 고르게 찌르자. 양모를 뒤집지 않으면 쿠션에 얽힐 수 있다.

단단한 롤을 만들어 시작하자. 단단할수록 작업이 적어진다. 펠트한 곳에 구멍이 보이면 손톱으로 문지르거나 두 손으로 비벼 다듬는다.

바느질

직선스티치

가장 일반적인 바느질 방법으로, 재봉틀에서는 모두 직선스티치 작업이 가능하다. 바늘과 실만 있으면 손으로 직접 만들 수 있다. 이 책에서는 손으로 작업한 직선스티치를 자수 박음질이라 칭한다. 홈질로도 직선스티치를 만들 수 있다.

홈질(running stitch)

직선 또는 곡선을 손으로 바느질하는 방법이다. 바늘에 실을 꿰고 천의 뒤에서 앞으로 바늘을 찔러 넣되 바늘을 모두 잡아당기지 않는다. 바늘을 천의 앞에서 뒤로 일정 간격으로 넣었다 뺐다 하여 바늘 끝이 앞쪽으로 나오게 한 후 실이 지나가도록 바늘을 잡아당긴다. 필요한 길이만큼 같은 작업을 반복한다. 점선과 같은 무늬가 만들어진다.

수놓기(embroidered backstitch)

직선으로 바느질하거나 입이나 얼굴 모양을 수놓을 때 간단히 사용할 수 있는 방법이다. 자수용 실을 바늘에 꿰고 천의 뒤에서 앞으로 넣는다. 이 때 바늘을 다 빼지 않고 짧게 잡아당겨 같은 폭으로 뒤로 넣었다 다시 앞으로 뺀다. 실을 잡아당긴 후 바늘을 두 번째 구멍에 앞에서 뒤쪽으로 넣어 박음질한다. 동일한 간격을 두고 바늘을 다시 뒤에서 앞으로 넣은 후 실을 잡아당겨 마지막 박음질된 구멍에 다시 넣는다. 이 작업을 반복한다. 작업이 끝나면 앞부분은 재봉틀로 작업한 것 같이 연결된 선이 만들어지고 뒷면은 겹친 실이 보인다.

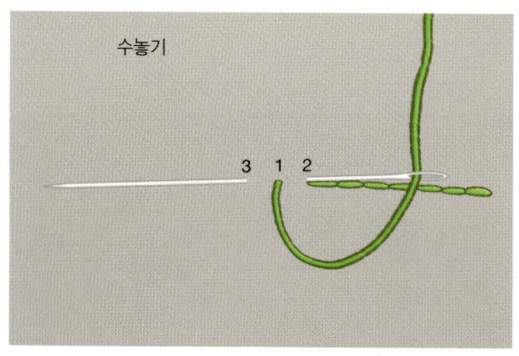

블랭킷 스티치(Blanket stitch)

즐겨 사용하는 스티치의 하나로 여러 조각을 연결하고 마무리 느낌을 준다. 바늘에 실을 꿰고 실 한쪽에 매듭을 짓는다. 천 가장자리에서 바늘을 위에서 아래로 0.5cm 정도 뒤에서 앞으로 집어넣는다. 바늘을 처음 구멍에 뒤에서 앞으로 넣고 바늘을 왼쪽에서 오른쪽으로 당긴 후 바늘을 왼쪽으로 0.5cm, 아래로 0.5cm 정도 되는 곳에 집어넣는다. 실을 바늘에 시계 방향으로 감기게 하여 바늘을 잡아당긴다. 이렇게 하면 블랭킷 스티치 하나가 만들어진다. 길이가 일정하도록 반복하고 실을 뒤에서 매듭지어 고정한다.

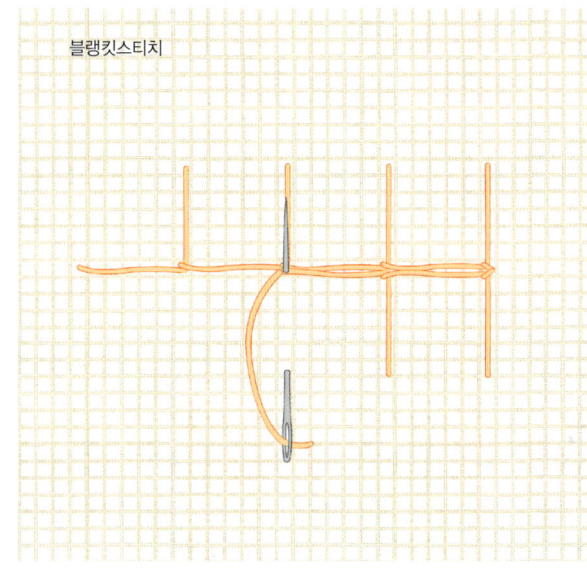

블랭킷 스티치

재봉틀 박음질(machine backstitch)

재봉틀도 박음질이라 한다. 바늘땀을 고정하기 위해 바느질의 처음과 끝에 사용하기도 한다. 시작점보다 조금 뒷부분에 몇 땀 박음질한 후 되돌아 박아 고정하고 다시 일반 박음질을 한다. 끝 부분에 도달하면 다시 몇 땀 되돌아 박아 고정시킨다.

탑 스티치와 에지 스티치

탑 스티치와 에지 스티치는 매우 유사하다. 둘 다 가장자리에 곧게 바느질하지만 가장자리에서의 거리가 다르다. 에지 스티치는 0.25-0.1cm 정도로 가장자리에 훨씬 더 가깝게 작업하며 탑 스티치는 0.5cm 이상 떨어져 작업한다. 둘 다 옷감 앞면에 보이는 바느질이다.

시침질(basting stitch)

긴 땀의 느슨한 바느질 방법이다. 단단하지 않아 쉽게 제거할 수 있다. 재봉틀로 박기 전에 여러 장의 옷감을 고정시키거나 천을 잡아당겨 주름을 만들 때 사용한다. 여기서 시침질은 핀으로 고정했을 때 주름이 지는 펠트나 두꺼운 천에 사용한다.

공그르기(invisible stitch)

이 책의 여러 작품에 마무리하는 방법으로 공그르기가 사용된다. 천을 뒷면으로 뒤집은 후 바늘을 뒤에서 앞으로 천 2장의 가장자리를 연결하여 뜨는 방식이다. 실과 천을 잡아당기면 바느질이 보이지 않는다.

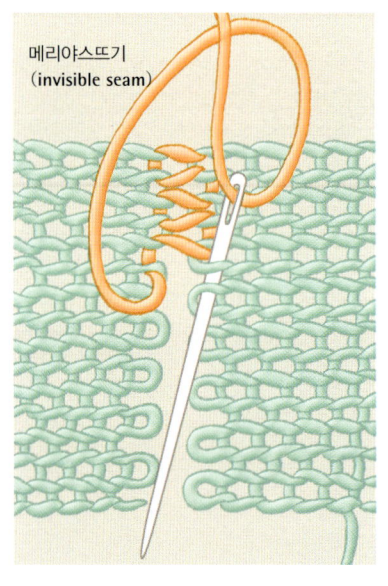

메리야스뜨기
(invisible seam)

메리야스 잇기
(메리야스뜨기한 옷감을 이을 때 사용)

옷감의 앞면이 위를 향하게 하고 실을 옷감 하나의 하단에 고정시킨다. 그림 같이 바늘로 반대쪽 옷감에 1코를 뜨고 실을 넣고 단단히 잡아당긴다. 바늘을 다시 처음 옷감에 바늘이 나온 코에 집어넣는다. 한쪽 옷감에서 다른 쪽 옷감으로 코르셋의 끈을 묶듯이 반복한 후 단단히 고정한다. 그림 같이 앞면에 실을 꿰어도 나머지 부분과 구분되지 않을 것이다.

말아 감치기(rolled hem)

가장자리를 마무리하는 좋은 방법의 하나다. 두 번 접어 납작하게 눌러 끝단이 보이지 않게 한다. 옷감 뒤도 올이 풀리지 않고 깔끔하게 마무리된다. 옷감의 오른쪽은 탑 스티치하여 고정시킨다.

패턴 읽는 법

작업을 시작하기 전에 도안을 잘 보고 만드는 방법과 축약어 등을 이해했는지, 필요한 준비물과 도구가 잘 갖춰졌는지 확인하도록 한다. 용어에 익숙지 않으면 미리 축약어를 찾아보고 숙지하자.

여기에 소개된 도안들은 실제 크기로 확대했을 때 시접을 위한 여유가 고려되어 있다. 시접이 표시되어 있지는 않으나 재봉틀 지침을 이용하면 적당한 봉합선을 만들 수 있을 것이다. 옷감용 초크나 마커로 시접을 표시해도 된다. 사각형이나 원형 같이 가장자리가 곧은 경우 도안에 치수가 적혀 있다.

도안을 옷감에 옮기기

도안을 옷감에 옮기는 여러 방법이 있다. 옷감에 적합하며 본인에게 가장 편한 방법을 택한다.

종이 도안을 잘라 옷감에 핀으로 고정하고 옷감을 도안에 맞춰 자른다. 핀으로 고정하면 옷감에 주름이 잡혀 크기가 정확하지 않을 수 있다.

종이 도안을 잘라 옷감 위에 올려놓는다. 옷감 고정용 추를 사용해 도안을 옷감에 고정시키고 종이 도안을 따라 잘라낸다. 이렇게 하면 핀을 꽂는 것보다 더 정확하다.

투사지에 도안을 옮기고 카본으로 코팅된 면을 옷감에 닿게 놓는다. 옷감과 종이를 고정시키고 톱니가 있는 룰렛으로 도안을 따라 그려 도안이 나타나게 하고 그려진 선을 따라 도안을 잘라낸다.

이 책의 대부분 도안은 확대해야 하지만 집에서도 인쇄할 수 있도록 20×28cm 크기를 넘지 않도록 하였다. 펠트나 크기가 작은 작품을 작업하는 경우 내가 자주 사용하는 방법이 있다. 도안을 두꺼운 종이에 인쇄하여 잘라낸 후 도안을 옷감 위에 올려놓고 옷감 고정용 추로 고정시킨다. 패브릭 마커(마커 선 안쪽으로 자를 것이므로 지워지지 않는 마커를 사용해도 된다)를 사용해 종이 테두리를 따라 그린다. 추와 종이를 빼고 선을 따라 자른다.

속 채우기

장난감 속은 면, 양모, 폴리에스테르 등을 사용해 채울 수 있으니 기호에 따라 선택한다. 무게를 더하기 위해 장난감의 하단에 쌀과 콩을 넣기도 한다. 이 책의 작품 중에는 쌀 또는 콩만 사용해 속을 채우는 것도 있다.

속에 채울 양과 채우는 방법에 따라 장난감의 모양과 느낌이 크게 달라진다. 섬유를 사용할 경우 조금씩 집어 살살 넣는다. 섬유가 조금씩 틈을 갖고 채워져야 울퉁불퉁하지 않고 폭신폭신해진다. 닿기 어려운 모서리 등에는 나무 막대를 사용해 속 재료를 조심히 채운다. 속을 너무 많이 넣으면 장난감 틈으로 속 재료가 삐져나올 수 있으니 너무 많이 넣지 않도록 한다. 대바늘 뜨개질이 가장 잘 늘어나므로 주의가 더 필요하다. 속을 채우고 봉하기 전에 장난감을 매만져 모양이 잘 잡히도록 한다.

사용 연령과 안전

이 책에 소개된 장난감들은 영유아는 물론 어른들 모두를 위한 것이지만 3살 이하 어린이들에게는 부모의 주의가 필요하다. 첫 번째 장에 소개된 동물, 인형 등은 아기와 유아 및 6살 이하 어린이를 위한 것이다. 사물들과 게임은 6-12살 및 청소년들과 어른들 모두 즐길 수 있을 것이다.

어린이를 위한 장난감을 만들 때는 아이들 각자의 취향은 물론 안전을 고려하자. 아기를 위해 동물을 만든다면 플라스틱으로 된 눈은 아기들이 삼킬 수 있으니 자수로 대신한다. 또한 작은 게임 조각들은 3세 미만의 유아에게 위험할 수 있다.

시간 절약법

도구와 천, 실, 도안 등을 항상 잘 정돈해놓자. 그러면 필요한 재료를 금방 찾을 수 있으며 필요한 것을 찾는 데 신경을 쏟기보다 작품을 창의적으로 만드는 데 집중할 수 있다. 모든 재료는 색상과 종류(실의 무게, 천의 재료 등)에 따라 구분해 놓자. 아래 몇 가지 정리 팁을 참고한다.

1. 실은 두께로 먼저 구분한 후 색상으로 구분해 놓는다. 그러면 한 작품을 만들 때 동일한 두께의 다른 색상의 실을 쉽게 찾아 사용할 수 있다.

2. 같은 색의 천은 모아 묶어두면 깔끔하게 정리할 수 있다.

3. 리본이나 실은 자수용 카드 홀더에 감으면 실이 엉키는 것을 방지할 수 있다.

장난감 보관법

장난감을 보관하는 방법에도 여러 가지가 있다. 투명한 플라스틱 통 안에 넣어두거나 바구니에 담아 둘 수도 있고, 장난감용 장식장이 있으면 한 곳에 보관할 수도 있다. 즐겨 갖고 노는 장난감은 선반에 놓아 아이들이 쉽게 찾을 수 있게 한다. 향나무 조각이나 말린 라벤더를 장난감에 넣으면 벌레도 물리치고 기분도 좋아진다.

첫 장난감

갓난아기들을 위한 장난감이다.

블록부터 딸랑이까지,

모양은 단순하나 알록달록하고

부드러워 아이들이 갖고 놀기에

적당하다.

니트 블록textured knitted block

응용은 55쪽을 보세요.

재료

- 털실 : 소모사(울 85%, 앙고라 15%) 100g–175m, 연두색, 진분홍, 주황색, 진보라, 터키옥색, 암회색, 색상별로 1타래씩
- 대바늘 5mm
- 케이블이나 테피스트리용 바늘

신축성 : 4½코–6단–2.5cm

완성품 크기 : 속을 채우면 한 면이 **6cm**의 정육면체

만드는 방법

주사위 모양의 육면체에 각기 다른 뜨개질 방법과 색상을 사용해 아이들의 호기심을 불러일으킬 것이다.

멍석뜨기(연노랑)

CO 10코

R1 : k1, p1 끝까지 반복

R2 : p1, k1 끝까지 반복

5.5cm의 길이가 될 때까지 반복한다. BO하고 끝을 마무리한다.

작은 바스켓뜨기(암회색)

CO 10코

R1 : k2, p2 뜨고 반복한 다음 k2

R2 : p2, k2 뜨고 반복한 다음 p2

5.5cm의 길이가 될 때까지 반복한다. BO하고 끝을 마무리한다.

큰 바스켓뜨기(주황색)

CO 10코

R1 : k5, p5

R2-6 : R1 반복

R7 : p5, k5

R8-12 : R7 반복

BO하고 실 끝을 집어넣는다.

립 스티치(진보라)

CO : 10코

R1 : k1, p1 끝까지 반복, 5.5cm의 넓이가 될 때까지 반복한다. 립 스티치는 늘어지므로 높이를 잴 때 넓이를 5cm가 되도록 잰다. BO하고 마무리한다.

케이블 스티치(터키옥색)

CO 14코(케이블 스티치는 넓이가 다른 뜨개질보다 좁아 더 많이 뜬다).

R1 : p4, k6, p4

R2-4 : k와 p

R5 : p4, 다음 3코를 케이블바늘에 옮겨 뒤로 잡고 k3, 다음 케이블바늘에 k3하고 p4

R6-9 : k와 p

R10 : R5 반복

R11-13 : k와 p 반복

BO하고 마무리한다.

양각을 위한 중복뜨기 (진분홍 바탕천에 연두색)

CO 10코

k12줄

BO하고 마무리한다.

다른 색상의 실로 알파벳을 중복뜨기한다.

사각형의 크기가 같은지 확인한다. 실을 1m 정도 잘라 홈질로 잇는다. 마지막 모서리를 연결하기 전에 속을 채운다.

손가락 인형felt cow finger puppet

응용은 56쪽을 보세요.

재료

■ 양모펠트 : 흰색, 분홍,
  노랑, 검은색
■ 자수용 실 : 검은색, 흰색,
  분홍
■ 카드보드지
■ 패브릭 마커
■ 초크
■ 자수용 바늘
■ 옷감용 풀

완성품 크기 : 넓이 5cm
            높이 6.5cm

만드는 방법

카드보드지에 패브릭 마커로 소의 몸(흰색), 코(분홍), 배(분홍), 소방울(노랑), 눈(검은색)을 그린다. 종이를 펠트에 핀으로 고정하고 초크로 그린 다음 몸은 2장, 나머지는 1장씩 자르되, 검은 얼룩무늬는 각기 다른 모양으로 잘라낸다. 오른쪽 사진속의 인형은 6개의 검은 무늬를 만들었다.

검은 실로 얼굴에 눈을 만들고 분홍 코 위에 콧구멍을 만든다. 코, 배, 종, 방울을 몸에 풀로 붙인다. 풀이 마르면 실로 소 목줄을 수놓고 흰색 자수용 실로 몸통의 오른쪽 하단 모서리에서 왼쪽 하단 모서리까지 블랭킷스티치 한다.

분홍 자수용 실로 코와 배의 분홍 펠트에 블랭킷스티치한다.

실제 크기 : 200% 확대

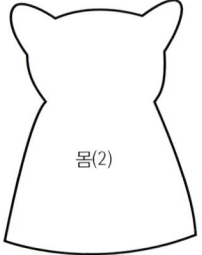

몸(2)

코

소 방울

배

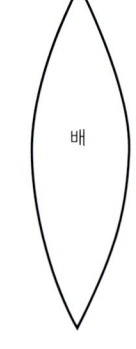

실제 크기 : 250% 확대

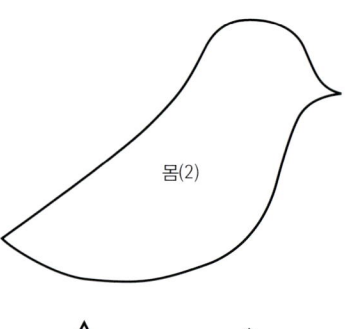

몸(2)

배

날개(11)

새 모빌 패브릭 fabric birds mobile

응용은 57쪽을 보세요.

재료

- 여러 가지 분홍 색조로 얇은 면 여러 장, 25cm씩
- 투사지
- 옷핀
- 초크
- 천에 어울리는 색상의 실
- 바느질용 바늘
- 장난감 속
- 검은색 자수용 실
- 다보(혹은 dowel) 2개, 23cm 그리고 30cm
- 황갈색 털실
- 풀
- 걸이용 실
- 고리 모양의 나사

완성품 크기 :
길이(꼬리 포함) 14cm
넓이 3cm

만드는 방법

도안을 옷감에 그린다. 몸통 천 2개, 배 부분 1개, 깃털용 11개(날개용 각각 4개씩, 꼬리용 3개)를 자른다. 두 겹의 검은색 자수용 실을 바늘에 꿰고 옷감 앞면의 머리 부분에 몇 땀 놓아 눈을 만든다.

새 몸통과 배 부분의 옷감 앞면이 서로 마주보게 핀으로 고정하고 꼬리 끝부터 직선스티치를 한다. 배의 다른 쪽 끝까지 꿰맨 후 다른 몸통 역시 동일하게 작업한다. 끝에 2.5cm 정도 남을 때까지 꿰맨다. 뒤집어서 부리와 꼬리부분을 밖으로 밀어내고 속을 채운다.

공그르기로 봉한다. 새의 몸통 작업이 끝나면 깃털용 천 조각 4개를 날개 쪽에, 다른 3개를 꼬리 쪽에 놓고 펼친 후 몇 땀 꿰맨다.

각기 다른 톤의 새를 3마리 더 만든다. 황갈색 실을 다보에 감고 풀로 고정한다. 새 몸통의 윗부분에서 15cm 정도, 다보 끝에서 5cm 정도 되는 곳에 매듭을 짓고 풀을 조금 발라 고정한다. 다보의 중앙을 실로 연결하고 맨 위에서 30cm 정도 떨어뜨리고 나무 사이를 7.5cm 떨어뜨린다. 천장의 고리 모양 나사에 연결한다.

마라카스 코바늘 딸랑이 crochet maraca rattle 응용은 58쪽을 보세요.

재료

- 털실 : 소모사(울 100%),
  100g—224m
  - (A) 진분홍
  - (B) 진녹색
  - (C) 흰색 톤으로 1타래씩
- 코바늘 4mm
- 솜
- 벨 안의 종(하나 당)
- 바늘

신축성 : 5코—6단—2.5cm

완성품 크기 : 높이 11.5cm
            넓이 4cm

만드는 방법

B로 dc6코 원형뜨기, 첫 ch에 sl st로 연결한다.

[ch1, 6코 뜬 다음에 dc, sl st] 6cm 가량 뜨고 솜으로 채운다. 실을 자르고 A를 연결한다.

Rnd 1 : ch1 [다음 코에 dc1, 다음 dc2코] 둘러하고 연결위해 첫 dc에 빼뜨기 – dc9

Rnd 2 : ch1 [다음 2코에 dc1, 다음 코에 dc2] 둘러하고 연결위해 첫 dc에 빼뜨기 – dc12

Rnd 3 : ch1 [다음 3코에 dc1, 다음 코에 dc2] 둘러하고 연결위해 첫 dc에 빼뜨기 – dc15

Rnd 4 : ch1 [다음 4코에 dc1, 다음 코에 dc2] 둘러하고 연결위해 첫 dc에 빼뜨기, 매듭짓고 C를 연결한다. – dc18

Rnd 5 : ch1 [다음 5코에 dc1, 다음 코에 dc2] 둘러하고 연결위해 첫 dc에 빼뜨기 – dc21

Rnd 6 : ch1 [다음 6코에 dc1, 다음 코에 dc2] 둘러하고 연결위해 첫 dc에 빼뜨기 – dc24

Rnd 7 : ch1, 다음 24코에 dc1, 연결위해 첫 dc에 빼뜨기

Rnd 8 : ch1, 다음 24코에 가로질러 dc1, 연결위해 첫 dc에 빼뜨기, 매듭짓고 A를 연결한다.

Rnd 9 : ch1 [다음 6코에 dc1, dc2tog] 둘러하고 연결위해 첫 dc에 빼뜨기 – dc21

Rnd 10 : ch1 [다음 5코에 dc1, dc2tog] 둘러하고 연결위해 첫 dc에 빼뜨기 – dc18, 솜을 채우면서 방울을 넣고 남은 솜을 끝까지 채운다.

Rnd 11 : ch1 [다음 코에 dc1, dc2tog] 둘러하고 연결위해 첫 dc에 빼뜨기 – 12dc

Rnd 12 : ch1 [dc2tog] 둘러하고 연결위해 첫 dc에 빼뜨기 – 6dc, 매듭짓고 실 끝을 마무리한다. 딸랑이를 하나 더 만든다.

삼각 블록 crochet triangle block

응용은 59쪽을 보세요.

재료

- 털실 : 코튼 플리스
  (면 80%, 메리노 울 20%)
  100g–196cm,
  (A) 주홍색
  (B) 연청색
  (C) 연두색, 각 1타래씩
- 코바늘 3.75mm
- 바늘
- 솜

신축성 : 5코–6단–2.5cm

완성품 크기 : 넓이 5cm
            높이 9.5cm

만드는 방법

주홍색으로 사슬뜨기 15코

R1 : 코바늘에서 두 번째 ch에 dc, 모든 코에 dc하고 돌린다 – 14코

R2 : ch1, dc2tog, 마지막 dc2 코를 남기고 모든 코에 dc하고 dc2tog, A를 매듭짓고 B를 연결 한 후 돌린다 – 12코

R3 : ch1, 모든 코에 dc하고 돌린다 – 12코

R4 : ch1, dc2tog, 다음 8코에 dc 하고 dc2tog, B를 매듭짓고 C를 연결하여 돌린다 – 10코

R5 : ch1, 모든 코에 dc하고 돌린다 – 10코

R6 : ch1, dc2tog, 다음 6코에 dc 하고 dc2tog, C를 매듭짓고 A를 연결하여 돌린다 – 8코

R7 : ch1, 모든 코에 dc하고 돌린다 – 8코

R8 : ch1, dc2tog, 다음 dc4코에 dc, dc2tog, A를 매듭짓고 B를 연결하여 돌린다 – 6코

R9 : ch1, 모든 코에 dc하고 돌린다 – 6코

R10 : ch1, dc2tog, 다음 dc2에 dc, dc2tog, B를 매듭짓고 C를 연결하여 돌린다 – 4코

R11 : ch1, 모든 코에 dc하고 돌린다 – 4코

R12 : ch1, dc2tog 두 번하고 돌린다 – 2코

R13 : ch1, 모든 코에 dc하고 돌린다 – 2코

R14 : ch1, dc2tog – 1코
매듭을 짓고 마무리한다.

R1–14를 반복해 동일한 삼각형을 만든다. 연두색으로 ch5 뜨고, ch1, 각 단에 dc를 반복하여 21.5cm가 되도록 한다.
편물조각을 모아 고정한다. 연청색 실로 삼각형 오른쪽 하단 모서리에서 시작해 서로 연결해 잇는다. 굽은 사슬뜨기에 dc 하고 모서리마다 dc하여 봉합선이 오므라들지 않게 한다. 뒤 삼각형도 동일하게 진행하며 4cm 남았을 때 솜을 채운 후 봉한다. 연두색 옆면 가장자리는 메리야스 잇기로 마무리한다.

고양이 손 인형 knitted kitten hand puppet

응용은 60쪽을 보세요.

재료

- 털실 : 방적 소모사
  (울 100%) 100g−224m,
  흰색 톤으로 1타래
- 대바늘 4.5mm
- 검은색 자수용 실
- 태피스트리용 바늘
- 눈과 코에 사용할 검정과
  분홍 펠트
- 바느질용 바늘
- 검정과 분홍색 실
- 투사지
- 옷핀
- 초크
- 연분홍 면 25cm

신축성 : 5코−7단−2.5cm

크기 : 넓이 9cm
　　　 높이 18cm
　　　 (5−10세, 어린이용)

만드는 방법

CO 26코, 양쪽이 뾰족한 바늘 3개에 고루 나누고 원형을 만들기 위해 연결하며 코를 뒤틀지 않도록 조심한다.

Rnd 1 : [k1, p1] 끝까지 반복
Rnd 2 : [p1, k1] 끝까지 반복
Rnd 3 : [k1, p1] 끝까지 반복
Rnds 4 − 24 : k

여기서부터 입을 만들기 위해 납작하게 작업한다.

입 상단

16코로 겉뜨기한 후 남은 10코는 양쪽이 뾰족한 바늘에 옮겨 입의 하단작업을 한다.
R1−9 : st st한다.
R10 : k1, ssk, 마지막 3코 남기고 겉뜨기, k2tog, k1, 2코가 준다.
R11 : p1
R12−17 : R10과 R11을 반복한다.
남은 7코를 BO한 후 실 끝을 마무리한다.

입의 하단

실을 연결하고 st st로 6단을 만든다.
R7 : k1, ssk, 마지막 3코 남기고 겉뜨기, k2tog, k1
R8 : p1
R9−10 : R6과 R7을 반복한다.
남은 코를 BO하고 마무리한다.

귀

입 상단의 아래쪽에서 5cm 떨어진 좌측 가장자리에 바늘로 3코를 집는다. 실을 코의 맨 오른쪽 가장자리에 넣고 겉뜨기 3코한다. 다음 2단을 겉뜨기하고 k3tog한다. 오른쪽 귀도 동일하게 작업한다.

얼굴

콧수염에 사용할 검은색 실을 5cm 길이로 3개 자른 후 코끝에 넣어 꿰맨다. 검은 펠트를 아몬드 모양으로 잘라 눈을 만들고, 분홍 펠트를 둥근 삼각형 모양으로 잘라 코를 만들고 실로 꿰매 얼굴에 붙인다.

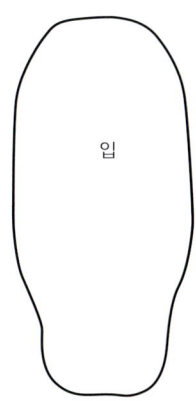

입

입안

입 모양을 투사지에 그려 잘라
낸다. 분홍 천에 핀으로 고정한
후 초크로 그리고 잘라낸다. 손
가락 인형을 뒤집어 천의 뒷면
이 위로 올라오게 한 후, 입 위
쪽에 천의 넓은 끝부분을 핀으
로 고정한다. 블랭킷스티치하
고 뒤집는다.

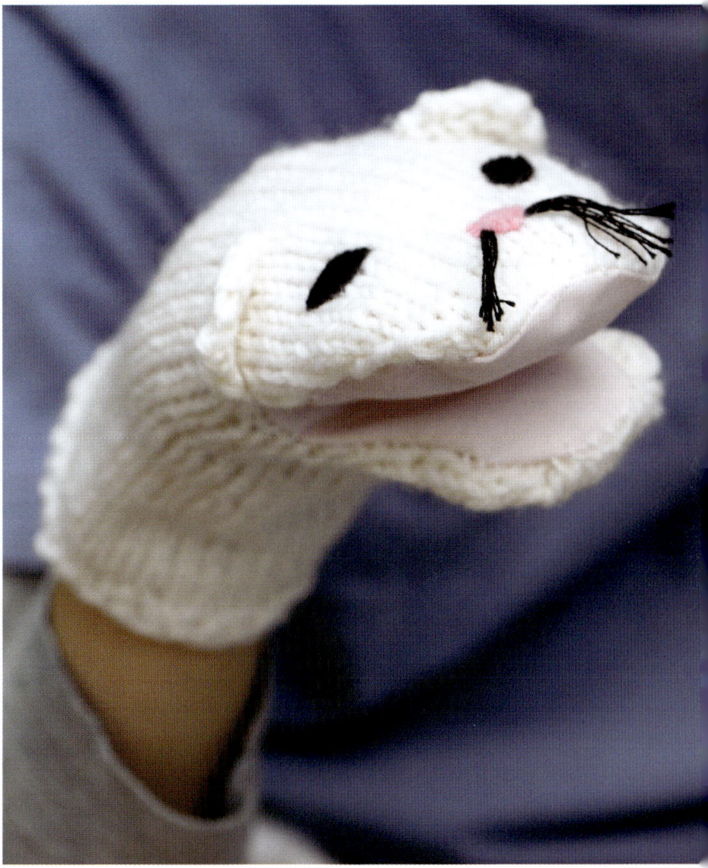

니트 링 딸랑이 knitted ring rattle

응용은 61쪽을 보세요.

재료

- 털실 : 세퍼드 쉐이드
  (Shepherd's Shades,
  울 100%) 100g-120m
- (A) 진주색
  (B) 연두색 1타래씩
- 대바늘 6mm
- 속재료
- 안에 넣을 방울
- 태피스트리용 바늘

신축성 : 4 ½코-6단-2.5cm

완성품 크기 : 지름 10.5cm

만드는 방법

진주색 실로 바늘에 24코를 뜬다.

R1 같이 모든 홀수 단은 안뜨기한다.

R2 : 겉뜨기 1코, m1, 겉뜨기 2코, 마지막 코까지 반복하고,
　　　m1, 겉뜨기 1코 - 36코

R4 : 겉뜨기 1코, m1, 겉뜨기 3코, 마지막 2코 남기고 반복하
　　　고, m1, 겉뜨기 2코 - 48코

R6 : (B)로 바꾸고 겉뜨기한다.

R8 : (A)로 바꾸고 겉뜨기한다.

R10 : R6을 반복한다.

R12 : R8을 반복한다.

R14 : 겉뜨기 2코, k2tog, 끝까지 반복한다 - 36코

R16 : 겉뜨기 1코, k2tog, 끝까지 반복한다 - 24코

R18 : 꿰맬 실을 남기고 BO한다.

가로로 반을 접고 가장자리를 같이 꿰매 링 모양을 만들어가며
속을 채운다. 반쯤 했을 때 방울을 넣고 끝까지 꿰맨 다음 봉한
다. 실 끝을 마무리한다.

동글동글 바늘꽂이 needle felt ball

응용은 62쪽을 보세요.

만드는 방법

공

10-11.5cm 공을 만들 수 있는 실을 넉넉히 준비하고 한쪽 끝에서 시작해 옆을 찔러가며 탄탄한 공을 만든다. 참고로 니들펠트는 크기가 줄어든다.

공을 폼 패드 위에 올려놓고 손가락으로 끝을 잡는다. 다른 손으로 펠트용 바늘을 들고 끝을 찌른다. 손가락이 바늘에 찔리지 않도록 주의한다.

단단해져 모양이 잡힐 때까지 골고루 찌른다. 원모양이 만들어질 때까지 고르지 않은 부분은 계속 찌른다.

벌

펠트 작업 시 색상을 더하는 방법은 매우 간단하다. 벌의 배를 만들기 위해 노란색을 조금 떼어 손가락 사이에서 말아 작고 납작한 공 모양을 만든다. 주황색 공 위에 올려놓고 펠트용 바늘로 노란 부분을 통해 주황색 공까지 찔리도록 한다. 노란색 공 모양이 떨어지지 않고 고정되도록 계속 찌른다. 바늘 끝을 사용해 가장자리를 다듬는다.

검은색을 조금 떼어 벌에 줄무늬를 넣고 조금 뒤틀어 단단하게 만든다. 이렇게 하면 깔끔한 선을 만드는 데 도움이 된다. 노란 부분 위에 올려 고정시키고 줄무늬를 2개 더 만들어 고정한 후 끝을 잘라낸다.

사진을 보면서 머리, 더듬이, 날개를 모두 같은 방법으로 만든다.

재료

- 울 로빙(Wool Roving Yarn)으로 주홍색, 노란색, 검은색, 흰색
- 펠트용 폼 패드
- 펠트용 바늘 36 또는 38

완성품 크기 : 지름 9cm

재료

- 털실 : 소모사
  (울 85% 앙고라 15%)
  100g–175m
  옥색으로 1타래
- 소모사(울 100%)
  100g–224m 흰색으로 1타래,
  캐론 컨츄리(Caron Country,
  극세사 75%,
  메리노 울 25%) 75g–170m
  연청색으로 1타래
- 코바늘 4mm
- 속재료
- 태피스트리용 바늘
- 카드보드지
- 프로펠러용 펠트 흰색과
  파란색
- 걸이용 면 실
- 15cm 자수용 후프
- 풀
- 고리 모양 나사

신축성 : 4 ½코–5단–2.5cm

완성품 크기 : 길이 9cm
　　　　　　　넓이 6cm

비행기 모빌crochet aeroplanes mobile

응용은 63쪽을 보세요.

만드는 방법

비행기 본체

원형뜨기 dc6, 연결위해 빼드기

Rnd 1 : ch1 [다음 코에 dc, 다음 코에 dc2] 3회 반복, 연결위해 첫 dc에서 빼뜨기, dc9

Rnd 2 : ch1, 모든 코에 dc하고 빼뜨기, dc9

Rnd 3 : ch1 [다음 2코에 dc, 다음 코에 dc2] 3회 반복, 연결위해 첫 dc에서 빼뜨기, dc12

Rnd 4 : ch1 [다음 3코에 dc, 다음 코에 dc2] 3회 반복, 연결위해 첫 dc에서 빼뜨기, dc15

Rnd 5 : ch1 [다음 3코에 dc, 다음 코에 dc2] 3회 반복, 연결위해 첫 dc에서 빼뜨기, dc15

Rnd 6 : ch1, 모든 코를 dc하고 빼뜨기, dc15

Rnd 7 : ch1 [다음 5코에 dc, 다음 코에 dc2] 3회 반복, 연결위해 첫 dc에서 빼뜨기, dc21

Rnd 8-14 : ch1 모든 코에 dc 하고 연결위해 첫 dc에서 빼뜨기, dc21

Rnd 15 : ch1 [다음 5코에 dc, dc2tog] 3회 반복, 연결위해 첫 dc에서 빼뜨기, dc21, 속을 채우기 시작한다.

Rnd 16 : ch1 [다음 코에 dc, dc2tog] 6회 반복, 연결위해 첫 dc에서 빼뜨기, dc12

Rnd 17 : ch1 [dc2tog] 6회 반복, 연결위해 첫 dc에서 빼뜨기, dc6, 매듭짓고 마무리한다.

날개

Ch 6코, 돌린다.

R1 : 두 번째 ch에 dc, 다음 5코에 dc, ch1코, 돌린다.

R2 : 두 번째에 dc, 다음 4코에 dc, 다음 2코에 dc2, 다음 4코에 dc1, ch1, 돌린다. dc12

R3 : 두 번째에 dc, 다음 5코에 dc, 다음 2코에 dc2, 다음 5코에 dc, dc14

다른 쪽 날개를 뜨고, 태피스트리용 바늘로 날개를 달고 마무리한다.

꼬리날개

ch 5코, 돌린다. 두 번째에 dc, 다음 3코에 dc, 매듭짓고 2개를 더 만든다. 태피스트리용 바늘로 비행기 몸통의 짧은 쪽 끝에 꿰맨다.

프로펠러

펠트를 잘라 프로펠러를 만들고 비행기 앞에 꿰맨다. 비행기를 2대 더 만든다. 15, 23, 30cm로 면실을 잘라 자수용 후프에 매단다. 20cm 실을 4개 더 잘라 자수용 후프에 동일한 간격으로 매단다. 풀로 매듭을 모두 고정한다. 실 4개를 연결해 위에서 함께 묶는다. 실을 원하는 길이로 하나 더 잘라 묶어 놓은 실에 연결한다. 천장에 부착한 고리 모양의 나사에 고정한다.

실제 크기 : 250% 확대

프로펠러(비행기 당 1개)

곰 머리 딸랑이 fabric bear rattle

응용은 64쪽을 보세요.

재료

- 천 : 코카 깅엄 원단
  (Kokka Gingham, 면 100%)
  연갈색 25cm
  갈색 25cm
- 투사지
- 옷핀
- 초크
- 카드보드지
- 바느질용 바늘
- 바느질용 실
- 밤색 펠트
- 자수용 실, 검은색
- 솜
- 소리 나는 방울

크기 : 넓이 10cm
　　　 높이 10cm

만드는 방법

곰 머리 도안을 천에 그린다. 곰의 머리(2)와 귀(4)는 갈색 천, 코와 주둥이 부분(1)은 옅은 황갈색 천에 그린 후 잘라 낸다. 주둥이 부분은 카드보드지를 하나 더 만든 후 주위를 0.25cm 정도 잘라내어 갈색 천 안에 카드보드지가 들어가도록 만든다.

주둥이의 가장자리를 깔끔하게 정리하기 위해 가장자리 안쪽 0.25cm에 시침질로 둘러가며 바느질한다. 카드보드지를 천의 뒷면에 놓고 실을 잡아당겨 카드보드지를 감싼다. 이렇게 하면 둘레가 매끈하게 만들어진다. 다림질하고 카드보드지를 뺀다. 주둥이를 곰 얼굴의 중앙 바로 아래쪽에 핀으로 고정하고 앞면이 위를 향하게 들고 박음질한다.

눈을 붙이기 위해 작은 타원형 2개, 코를 만들기 위해 모서리가 둥근 삼각형 1개를 잘라낸다. 얼굴에 조각을 꿰매고 웃는 입 모양을 바느질한다.

귀의 앞면이 위를 향하게 하여 핀으로 고정한다. 직선 모서리를 남기고 시접 0.5cm를 두고 꿰맨다. 속을 뒤집고 솜을 가볍게 채운다.

완성된 귀는 앞면이 위를 향하고, 중간 안쪽으로 기울어지게 하여 얼굴 천 사이에 핀으로 고정한다. 손으로 직접, 또는 재봉틀을 사용해 머리 아래쪽에 5cm 남기고 꿰맨 후 속을 뒤집는다. 곰 머리에 솜을 반쯤 채운 후 방울을 넣고 나머지 솜을 넣어 곰이 폭신폭신하게 만든다. 하단 가장자리를 공그르기로 봉한다.

실제 크기 : 340% 확대
머리 지름 : 11.5cm

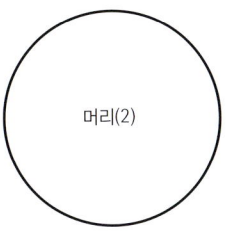

머리(2)

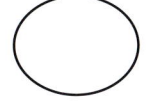

주둥이 천 조각(1), 카드보드지(1)

귀(4)

구름 모빌 펠트 needle felt clouds mobile

응용은 65쪽을 보세요.

만드는 방법

구름

울 로빙을 적당히 떼어 타원형으로 만든다. 가장자리를 안쪽으로 밀어 넣으면서 단단히 말아간다. 바늘꽂이(48쪽) 만드는 방법을 참고한다. 부드러운

재료

▨ 흰색 울 로빙 75g
▨ 펠트용 바늘, 36이나 38 사이즈
▨ 펠트용 폼 패드
▨ 걸 때 사용할 실
▨ 구멍이 큰 바느질용 바늘
▨ 고리 모양의 나사

완성품 크기 : 아래 구름에서 위 구름까지 높이 50cm, 가장 큰 구름은 20cm

타원형이 될 때까지 울퉁불퉁한 부분은 계속 찌른다.

구름 하나가 어느 정도 만들어지면 울 로빙 한 뭉치를 더 떼내어 둥글납작한 구름을 만든다. 다시 울 로빙을 조금 작게 떼 내어 위와 같이 작업하여 작은 타원형으로 만든다.

가장 큰 구름에 새로 만든 작은 타원형의 구름을 붙이기 위해 붙여야 할 부분에 놓고 펠트용 바늘로 두 조각 모두를 통과시켜 찌르되 바늘의 촉이 큰 구름까지 들어가도록 한다. 원하는 위치에 고정될 때까지 계속 찌른다. 두 조각이 연결되는 부분은 울을 소량 떼어 위에 덮고 펠트 작업으로 가린다.

구름의 형태가 만들어질 때까지 울 뭉치를 계속 붙인다. 맘에 들지 않는 부분이 있으면

울을 조금씩 덧대어 울퉁불퉁하지 않게 만든다.

구름을 넓이 10cm, 15cm, 20cm, 3가지 크기로 만든다.

실 매달기

바늘에 실을 꿰고 가장 큰 구름의 상단에 넣어 매듭을 짓는다. 울이 빽빽하여 실이 빠지지 않는지 확인한다. 느슨하다면 실을 넣을 위치에 펠트 천을 꿰매 단단하게 만든다. 매듭과 실 끝을 구름 안에 숨겨 넣고 울을 덧대 보이지 않도록 펠팅한다.

구름을 10cm씩 떨어뜨려 실에 고정하고 매듭은 보이지 않게 숨긴다. 천장에 고리 모양의 나사를 박고 모빌을 건다.

니트 블록

기본 디자인은 35쪽을 보세요.

니트 북

블록의 도안을 따라 12.5cm의 정사각형을 만든다. 육면체로 쌓고 한 모서리를
따라 박음질로 꿰매 다양한 질감과 색상의 작품을 만든다.

엠보싱 글자 & 숫자

블록에 글자와 숫자가 양각이 되도록 겉뜨기와 안뜨기를 번갈아 한다. 모눈종이
에 먼저 글자와 숫자를 도안하고 붙인다.

아플리케 글자 & 숫자

숫자를 3cm 정사각형에 인쇄하여 도안을 만든다. 펠트에 대고 자른 후 뜨개질한
블록에 핀으로 고정한다. 감치기하여 부착한다.

메모리 블록게임

메모리 블록용 게임을 위한 작품을 만들자. 블록 하나 당 각기 다른 색상의 천
하나를 6cm 크기로 잘라 핀으로 고정한 후 가장자리를 꿰맨다. 속을 채우고 봉
한다.

새둥지 박스세트

사각형 5개를 만들고 모서리를 감치기하여 윗면이 없는 상자를 만든다. 한 면을
5cm씩 늘려 더 큰 상자를 만든다.

응용

손가락 인형

기본 디자인은 36쪽을 보세요.

동물농장 손가락 인형

기본 도안을 활용해 동물 모양 손가락 인형을 만든다. 기본 몸통과 입 도안을 따라 그리고 분홍 울을 사용해 돼지를 만든다. 귀는 빼고 노란색 울을 사용해 뺨을 만든다. 주황색 펠트에서 0.5cm 삼각형을 잘라 코를 만든다.

작은 동물인형

손가락 인형의 속을 채우고 지름 5cm의 원을 잘라 인형 밑에 고정시키고 꿰매 바닥에 세울 수 있는 작은 동물인형을 만든다.

막대인형

납작한 인형을 만들어 얇은 다보에 붙여 막대인형을 만든다.

인형극을 위한 헛간무대

인형극을 위한 헛간무대를 만들자. 카드보드지나 매트보드지를 43cm 정사각형으로 자르고 끝이 뾰족한 상단을 만든다. 인형들이 입장할 곳을 만들기 위해 보드지 중앙에 사각형을 잘라 낸다. 빨간색 펠트를 풀로 붙이거나 색칠하고 흰색으로 더 세세하게 묘사한다.

소 연필뚜껑

도안의 크기를 조정하고 가로로 반을 잘라 연필뚜껑을 만든다. 만드는 방법은 36쪽의 기본 도안과 바느질법을 참고한다.

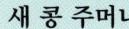응용

새 모빌 패브릭

기본 디자인은 39쪽을 보세요.

새 콩 주머니

새 안에 쌀을 넣어 던지기 좋은 콩 주머니 장난감을 만든다.

새둥지

87쪽 문어 도안의 머리와 몸통을 활용해 새 둥지를 만들다가 중간쯤 두꺼운 실과 더 큰 코바늘로 바꾸어 새 2–3마리가 들어갈 수 있는 크기로 만든다.

새 모형 손목밴드 딸랑이

새를 한 마리 만들고 딸랑이나 방울을 넣는다. 손목밴드를 만들기 위해 넓이 5cm, 길이 12cm의 천을 잘라 반으로 접어 길이를 따라 깁는다. 겉면이 밖에 오도록 뒤집고 양쪽 끝을 집어넣어 탑 스티치로 봉한다. 손목밴드의 중앙 위에 작은 새 모형 딸랑이를 단다.

펭귄 모빌

새의 기본 도안을 활용한다. 몸통은 검은색, 배는 흰색 천을 사용해 펭귄을 만든다. 펠트로 날개를 잘라 만들고 작고 노란 발과 부리를 만든다. 동일한 색상의 실로 꿰맨다. 펭귄 4마리를 만들고 새 모빌과 같은 방법으로 실에 매단다.

박쥐 모빌

박쥐 몸통을 만들기 위해 검은색 펠트를 6×4cm 크기 타원형 2장으로 자르고, 날개용으로 7.5×4cm 크기 4장을 잘라낸다. 타원형 조각을 꿰매고 가볍게 속을 채운다. 날개 2장을 함께 꿰맨 후 몸 양쪽에 붙인다. 귀는 펠트에서 작은 삼각형을 잘라 머리에 붙여 만든다.

마라카스 코바늘 딸랑이

기본 디자인은 40쪽을 보세요.

달걀 모형 딸랑이

마라카스 도안대로 작업하되 녹색 손잡이는 생략한다. 원형뜨기로 dc 6코를 만들고, rnd1에서 시작한다. 단색으로 코바늘뜨기하고 방울이나 딸랑이를 속에 집어넣는다. 그리고 흔들어 보세요.

길고 노란 호박

노란 털실로 마라카스 도안대로 작업한다. 중간쯤 파이프 클리너(Pipe Cleaner)를 넣고 속을 채운 후 끝까지 진행한다. 한 쪽으로 살짝 구부려 호박모양을 만든다.

플라워

마라카스 도안대로 작업하되 꽃봉오리는 분홍 털실로 만든다. 분홍 펠트에서 2.5cm 길이의 꽃잎 모양을 잘라 꽃봉오리 여기저기 겹쳐가며 꿰맨다.

마이크

검은 털실을 사용해 마라카스 도안대로 작업한다. 코를 늘리기 전까지 도안대로 뜬다. 코를 늘리는 부분에서 회색실로 바꾸고 끝까지 작업한다. 흰색 펠트를 얇게 잘라 마이크 머리에 꿰매 붙인다.

백열전구

마라카스 도안대로 작업하되 연회색 털실로 [ch 1코, 다음 6코에 dc]를 2.5cm 정도 작업한다. 볼록한 부분은 흰색 털실로 작업하고 중앙의 볼록한 부분 하단에서 검은색 실을 사용해 와이어라인처럼 만든다.

삼각 블록

기본 디자인은 43쪽을 보세요.

블록 쌓기

삼각 블록 몇 개와 사각 블록 몇 개를 코바늘뜨기한다. 사각 블록은 ch 15코, 편물을 돌리고 코바늘에서 두 번째 코에 dc, 모든 코에 dc하고 ch 1코 뜬다. 각 단에 14코씩 dc하여 14단, 또는 기본 ch에 맞도록 단의 길이를 조정한다.

색색 바퀴

삼각 블록을 8가지 다른 색상의 천으로 만든다. 시접 0.5cm를 포함하여 원하는 길이의 45도 삼각형으로 잘라낸다. 삼각형의 세 면을 모두 더한 후 1.25cm를 더한 길이와 원하는 넓이의 옆면을 만들기 위해 천 조각을 자른다. 뒷면이 위를 향하게 삼각형과 옆면을 핀으로 고정하고 바느질한 후, 뒷면 삼각형에도 같은 작업을 한다. 옆면 천이 서로 만나는 부분을 통해 속을 채우고 공그른다.

캔디 콘(위 사진)

캔디 콘을 만들기 위해 흰색, 노란색, 주황색을 번갈아가며 코바늘뜨기한다. 옆면도 같은 순서로 작업한 후 모두 연결한다.

체리파이 한 조각

노란 털실로 삼각형 블록 도안(R1-14, 2회)대로 작업하되 털실의 색상 바꾸는 과정은 생략한다. 그러면 똑같이 노란 삼각형 2장이 만들어진다. 빨간색 털실로 ch 5코, 다시 ch 1코 뜬 후 각 단이 21.5cm가 될 때까지 dc한다. 43쪽을 참고하여 편물을 연결한다.

체리파이

위 도안을 8번 반복하여 파이를 만들고 설탕장식을 위해 반짝이는 실로 홈질한다.

고양이 손 인형

기본 디자인은 44쪽을 보세요.

강아지 손 인형

갈색 털실을 사용해 고양이 도안대로 강아지를 만든다. 귀는 2코씩 더 뜨고 5cm 길이의 귀가 될 때까지 가터뜨기한다.

타월 인형

면이나 타월용 실로 인형을 뜨개질하여 수건으로 사용한다.

고양이 장갑

고양이 인형을 2개 떠서 겨울용 장갑으로 사용한다. 코바늘로 15cm를 사슬뜨기하고 장갑에 연결하여 고양이 장갑이 홀로 돌아다니지 못하게 한다.

고양이 베개

고양이의 머리 부분만 뜨개질 한 후 솜을 채우고 꿰매 봉한다. 플리스 천을 1.2m의 정사각형으로 자른다. 가장자리를 안으로 접어 넣어 단을 만들고 한 쪽 모서리에 고양이 머리를 꿰맨다.

행운의 고양이 인형

고양이 목에 빨간색 펠트로 색을 더하고 금색 종을 달면 중국의 "행운의 고양이"가 만들어진다. 빨간 펠트에서 작은 삼각형을 잘라 귀 안에 옷감용 풀로 붙인다.

니트 링 딸랑이

기본 디자인은 47쪽을 보세요.

열쇠고리

펠트를 큰 열쇠 모양으로 2장 자른다. 두 조각을 블랭킷스티치로 연결해 열쇠 하나를 만든다. 털실을 잘라 열쇠에 작은 고리를 만들고 딸랑이 고리를 단다.

오리 딸랑이(위 사진)

노란색으로 딸랑이 고리를 뜨고 오리 머리 만드는 방법대로 뜨개질한다(94쪽). 그리고 5번째 단부터 단을 늘린다(k 4코, m 1코 반복). 7번째 단 다음부터 여분 으로 줄인 단을 더한다(k 3코, k2tog 반복). 솜을 채우고 딸랑이 상단에 오리 머 리를 꿰맨다.

구명튜브

빨간색과 흰색 털실을 사용해 작은 구명 튜브를 만든다. 흰 실로 CO하고 빨간 실 로 고르게 줄무늬를 만든다. 빨간색과 흰색 줄무늬로 끝까지 뜨개질한다.

고리 체인

각기 다른 크기와 색상의 고리를 3개 만든다. 가벼운 털실(sport weight)에 적합 한 바늘을 사용하여 만들고 다듬는다. 두 번째 고리를 만들 때는 연결하기 전에 먼저 첫 번째 고리에 건다. 다음 링도 동일하게 작업하여 체인을 만든다.

손거울

손거울을 만들기 위해 고리 딸랑이에 손잡이를 단다. 고리와 같은 두께의 실과 바늘을 사용해 CO 14코한 다음 st st한다. 손잡이 하단을 만들기 위해 마지막 단 에 K2tog. BO한 후, 긴 가장자리를 꿰매 속을 채우고 고리를 연결한다.

응용

동글동글 바늘꽂이

기본 디자인은 48쪽을 보세요.

애벌레 바늘꽂이

지름 4cm의 작은 니들펠트 볼 5개를 만들고 털실로 연결한다. 실 끝에 울 로빙을 조금 덧대고 니들펠팅하여 실이 안보이게 한 후, 첫 번째 공에 펠트로 눈과 웃는 모양의 입을 만든다. 뾰족한 바늘을 사용해 짧은 털실을 공 하단에 가로로 통과시킨 후, 매듭을 지어 다리를 만든다.

여러 공 모양 바늘꽂이

축구공, 야구공, 농구공 등을 만들 수 있다. 48쪽 벌 만드는 방법을 참고해 공에 무늬를 만들어 넣는다.

미니볼 핏

아이들이 가지고 놀 수 있는 공을 여럿 만들어 바구니에 담자. 공을 더 가볍게 만들기 위해 양모를 덜 사용하고 공의 중앙에 폴리스티렌을 넣고 울 로빙으로 니들펠트한다.

공 딸랑이

탁구공에 칼로 틈새를 만든 후 벨을 넣어 소리가 나도록 만든다. 울로 전체를 두툼하게 니들펠트한다.

행성 모빌

여러 색상과 크기의 "행성"을 코바늘뜨기한다(공 만드는 방법은 87쪽 문어 참조). 두께가 다른 털실과 바늘을 사용해 크기를 달리할 수 있다. 모빌을 연결하는 방법은 51쪽의 비행기 모빌을 참고한다.

비행기 모빌

기본 디자인은 51쪽을 보세요.

구름 모빌

54쪽의 구름 모빌 만드는 방법을 참고해 작은 구름을 만들어 실에 연결한다.

헬리콥터 모빌

비행기 몸체 도안을 사용해 헬리콥터 모빌을 코바늘뜨기한다. 회색 펠트는 길이 10cm, 넓이 1.25cm로 2개를 잘라 헬리콥터의 날개를 만든다. 비행기 몸통 상단에 회색 실을 꿰매고 51쪽의 비행기 모빌 만드는 방법을 참고해 실을 연결한다.

우주시대 모빌

우주선과 행성 모양을 찾아 종이에 인쇄한 후 이를 도안으로 사용해 펠트에서 잘라낸다. 펠트를 두 겹으로 붙여 판판하게 만들고 필요한 부분을 풀로 접착한다. 51쪽의 비행기 모빌 만드는 방법을 참고해 실로 연결한다.

비행기 딸랑이

비행기를 만들고 봉하기 전에 방울을 집어넣어 딸랑이를 만든다. 30cm 길이의 실로 사슬뜨기하고 한 쪽 끝에 클립을 달고 다른 쪽 끝은 비행기에 연결해 매듭 짓는다. 아기의 셔츠나 유모차에 부착하고 떨어지지 않도록 한다.

날개 많은 비행기

51쪽의 비행기 모빌 만드는 방법에서 날개를 2배 더 많이 만들고 하나씩 더 단다.

곰 머리 딸랑이

기본 디자인은 52쪽을 보세요.

강아지 딸랑이

곰 머리 도안을 활용해 강아지 머리를 만든다. 귀가 처지도록 7.5cm로 늘린다.
분홍 펠트로 7.5cm의 혀를 만들어 잎 옆에 붙인다.

토끼 딸랑이

곰 머리 도안을 활용해 토끼 머리 딸랑이를 만든다. 12.5cm 길이의 뾰족한 귀를
잘라 꿰맨 후 곰의 귀를 붙이는 방법을 참고해 토끼 귀를 붙인다. 코 양 옆으로
9cm 길이의 수염을 붙인다.

개구리 딸랑이(위 사진)

녹색 천을 사용해 개구리 머리를 만들고 흰색 펠트로 눈, 검은 펠트로 눈동자를
만들어 곰의 귀 위치에 바느질한다. 검은 실로 얼굴 중앙에 작은 콧구멍 2개, 그
아래 웃는 입 모양을 만든다.

원숭이 딸랑이

갈색과 황토색 천으로 원숭이 머리를 만든다. 귀는 길이 5cm, 넓이 4cm로 만들
어 머리 양쪽에 꿰맨다. 머리 도안보다 2.5cm 정도 작은 타원형을 황토색 천에
서 잘라 얼굴을 만든다. 얼굴에 눈, 코, 입을 수놓는다.

곰 머리 링 딸랑이

도안을 50% 축소하여 만들되 47쪽을 참고하여 뜨개질하고 곰 머리를 링의 봉합
선 있는 부분에 꿰맨다.

64   첫 장난감

구름 모빌 펠트

기본 디자인은 54쪽을 보세요.

빗방울 차임벨

펠트로 만든 구름에 종을 리본으로 매달고 빗방울처럼 보이게 한다. 바람이 불면 종소리가 들린다.

동물 혹은 사물 모양 구름 펠트

간혹 구름을 보면 동물이나 사물 모양을 띨 때가 있다. 흰색 울을 자동차, 나무, 토끼 등 여러 모양으로 만든다. 우리의 상상력이 이끄는 대로, 구름 모양을 여유롭게 폭신폭신 솜털처럼 만들어보자.

해 & 별

노란 펠트에서 동그라미 2개를 잘라내어 꿰매 해를 만든다. 같은 방법으로 별을 몇 개 만든 후, 51쪽의 비행기 모빌 만드는 방법을 참고하여 자수용 고리에 실로 매단다.

구름 화환

니들펠트 작업으로 작은 구름(5×7.5cm) 10개를 만들어 연결하고 아이 방에 구름 화환을 장식한다.

구름 속의 새

39쪽 새 모빌 도안을 참고해 새를 몇 마리 만들어 구름 아래에 매단다.

동물 & 사물

선사시대 공룡부터

숲 속에 사는 여러 동물을 만들어 보자.

이번 장의 작품들은

여러분을 동물의 세계로 초대할 것이다.

토끼 패브릭 fabric rabbit

응용은 95쪽을 보세요.

재료

- 천 : 피에스타 칵투스 칼리코(Fiesta Cactus Calico, 면 100%) 자연스런 무늬의 천 25cm, 로버트 카프만 코나 코튼 (Robert Kaufman Kona Cotton, 면 100%) 상아색으로 25cm
- 투사지
- 옷핀
- 바느질용 실
- 바느질용 바늘
- 재봉틀(선택사항)
- 솜
- 쌀이나 말린 콩
- 검은색 자수용 실
- 흰색 울 로빙
- 펠트용 바늘 38 사이즈

완성품 크기 : 길이 12cm
넓이 4.5cm
높이 10cm

만드는 방법

피에스타 칵투스 칼리코 천을 사용해 몸통 2개를 자르고(하나는 도안을 뒷면으로 뒤집어), 얼굴 1개, 귀 2개를 만든다. 상아색 천을 사용해 배와 귀 2개를 만든다.

색상이 다른 귀 한 조각씩을 뒷면이 밖을 향하게 서로 맞대고 시접을 0.5cm 남기고 꿰맨다. 속을 뒤집고 두 번째 귀에도 동일한 작업을 한다.

얼굴 위에 붙일 부분과 귀를 핀으로 고정하여 상아색 천이 몸통을 향하게 한다. 시접을 0.5cm 남겨 꿰매고 반대쪽도 동일한 작업을 한다.

오른쪽 면과 함께 배 부분을 몸통에 핀으로 고정하고 목 바로 아래에서 시작해 꼬리 쪽까지 꿰맨다. 배 한쪽을 6cm 남기고 시접을 0.5cm 두고 꿰맨다.

속을 뒤집고 솜을 채운다. 다 채우기 직전에 쌀이나 콩을 넣어 무게를 더한다. 공그르기로 봉한다. 검은 실로 눈, 콧수염, 코를 얼굴에 수놓고 지름이 1.25cm짜리 작은 공을 니들펠트하여 꼬리를 만든다.

실제 크기 : 550% 확대

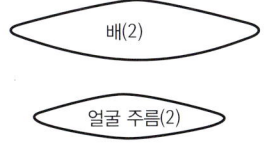

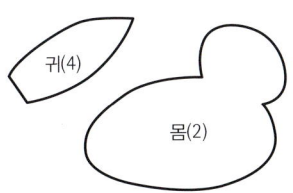

T-렉스 인형plushie t-rex

응용은 96쪽을 보세요.

재료

- 천 : 로버트 카프만 레믹스 2012(Robert Kaufman Remi-2012, 면 100%), **초록색 점무늬 천 (면 100%) 25cm, 연노랑 천 25cm**
- 투사지
- 옷핀
- 초크
- 재봉틀(선택사항)
- 바느질용 바늘
- 바느질용 실
- 속재료
- 검은색 자수용 실

완성품 크기 : **길이 18cm 넓이 111cm 높이 16.5cm**

만드는 방법

T-렉스 공룡 도안을 따라 그리고 잘라낸다. 초록색 점무늬 천에서 다리는 양 면, 팔은 한 면을 잘라내고 반대쪽 팔, 다리는 도안을 뒤집어 만든다. 연노랑 천에서 배와 팔 안쪽 2개를 잘라낸다.

검은색 자수용 실 2겹을 사용해 머리에 눈을 수놓는다.

앞면을 맞대고 몸통 조각을 핀으로 고정한 후 시접을 0.5cm 남기고, 머리 아래쪽에서 시작해 등-꼬리까지 꿰매되 꼬리 아래쪽에 9cm 정도 남긴다.

배 한쪽을 몸통과 앞면이 서로 마주보게 핀으로 고정하고 시접을 0.5cm 남기고 바느질한다. 공룡을 돌려 다른 쪽 배

실제 크기 : 250% 확대

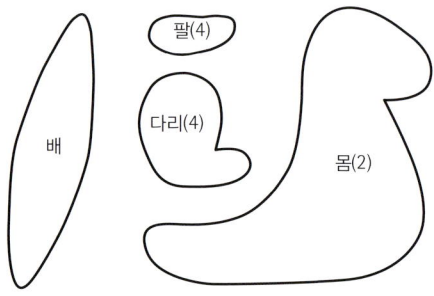

배 팔(4) 다리(4) 몸(2)

는 시접을 6cm 남기고 동일하게 작업한다. 실을 자르지 않게 조심하며 가위로 모서리를 V자 모양으로 자른다. 이렇게 하면 속을 뒤집었을 때 부드러운 모양이 만들어진다.

공룡의 속을 뒤집고 솜으로 채운다. 공그르기로 봉한다.

다리와 팔을 앞면이 서로 향하게 꿰매되 4cm 남겨둔다. 속을 뒤집고 솜을 채운다. 공그르기로 봉한다.

다리와 팔을 몸의 양쪽에 핀으로 고정하고 몸에 부착하기 위해 2코 정도 꿰맨다.

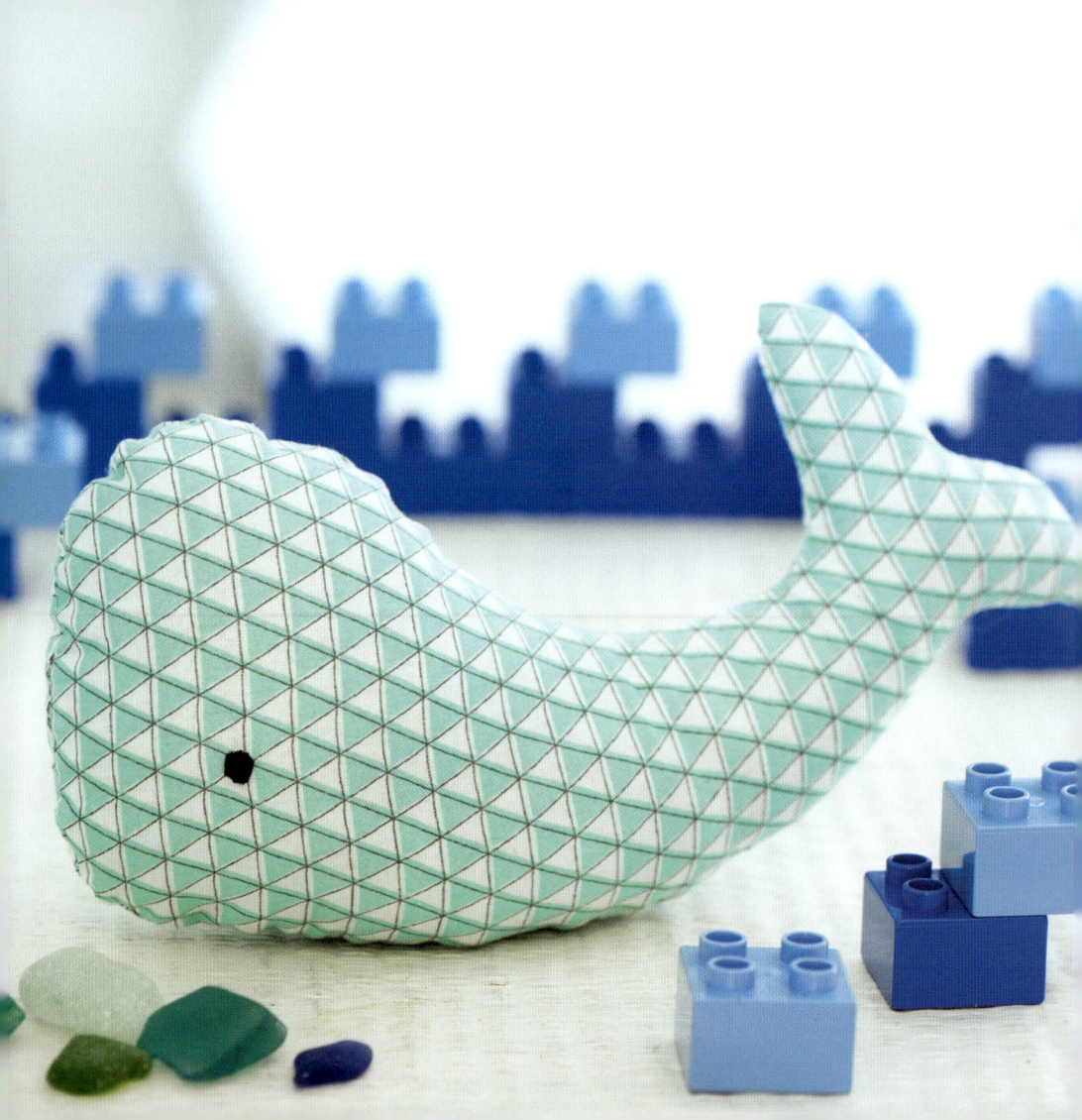

고래 패브릭 fabric whale

응용은 97쪽을 보세요.

재료

- 천 : 클라우드9 패브릭
  (Cloud9 Fabrics,
  유기농 면 100%)
  연한 색깔의 작은
  삼각무늬 천 25cm
- 투사지
- 옷핀
- 검은색 자수용 실
- 검은색 바느질용 실
- 재봉틀(선택사항)
- 얇은 대바늘
- 속재료
- 포인트 터너

완성품 크기 : 길이 23.5cm
높이 10cm

만드는 방법

천에 고래 도안을 그리고 반대쪽 몸은 도안을 뒤집어 그린 후 잘라낸다.

검은색 실로 천의 앞면에 타원형 눈을 수놓는다.

앞면을 서로 맞대고 배 쪽의 꼬리에서 12cm 떨어진 부분부터 손으로 또는 재봉틀로 꿰맨다. 꼬리, 등, 얼굴을 꿰매고 배 부분에 7.5cm 남긴다.

고래의 속을 뒤집고 꼬리의 모서리는 포인트 터너로 밀어낸다. 얇은 대바늘을 사용하여 공룡의 몸과 꼬리에 솜을 조금씩 채워 넣는다.

솜을 다 채우고 나면 공그르기로 배를 봉한다.

실제 크기 : 390% 확대

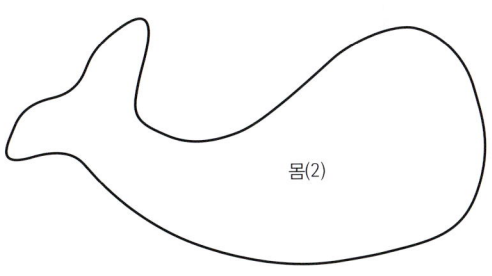

몸(2)

곰 인형 펠트 needle felt bear

응용은 98쪽을 보세요.

만드는 방법

배를 만들려면 울 로빙을 한쪽 끝에서 시작해 가장자리를 집어넣으며 말아 8.75−10cm 정도 되는 탄탄한 공을 만든다. 니들펠팅 작업을 하면 공이 줄어든다는 점을 고려하자.

펠트용폼 패드 위에 놓고 공의 양쪽 가장자리를 잡고 안쪽부터 펠팅한다. 공을 둘러가며 찔러 모양을 잡는다. 가장자

재료

- 울 로빙 25g,
  연갈색과 검은색 조금
- 펠트용 폼 패드
- 펠트용 바늘 38 사이즈

완성품 크기 : 길이 4cm
　　　　　　넓이 3cm
　　　　　　높이 5cm

리도 찔러 모양을 잡아가되 너무 단단하지 않도록 작업한다.

위 작업을 마치면 머리를 붙일 상단 부분을 납작하게 만들어 배 형태를 잡는다. 어깨 부분을 찔러 좁아지게 만든다. 갈색 울 로빙을 조금 떼어 몸통과 마찬가지로 찔러가며 머리를 만든다. 머리의 앞부분을 찌르고 다듬어 주둥이 모양을 만든다.

울 로빙을 조금 떼어 손가락 사이에 말아 귀를 위한 작은 튜브를 만든다. 형태가 잡히도록 바늘로 찔러 펠팅한 후 U자 모양으로 구부린다. 곰 머리에 붙일 위치를 정하고 귀와 머리를 통과하여 찔러 단단히 고정시킨다. 다른 쪽 귀도 동일하게 작업한다.

검은 울 로빙을 조금 떼어 손가락 사이에 말아 눈과 코를 만든다. 곰 머리에 붙일 위치를 정하고 펠트용 바늘로 눈과 코를 통과하여 찔러 단단히 고정시킨다. 코 바로 아래를 반복하여 찔러 선으로 입을 만든다.

울 로빙을 조금 떼어 튜브 모양으로 말은 후 니들펠트하여 팔을 만든다. 조금 더 두껍게 만들고 싶다면 튜브 주위에 덧대고 같이 펠트 작업한다. 한쪽을 약간 성글게 만들어 몸에 부착한다. 다른 쪽 팔과 양쪽 다리도 만든다. 다리는 팔보다 조금 길고 두껍게 만든다. 불필요한 울은 잘라낸다.

팔과 다리를 붙이려면 붙일 부분에 대고 계속 찔러 고정시킨다. 봉합선을 가리고 싶으면 그 부위에 울을 덧대고 펠팅 작업을 하여 부드럽게 만든다.

여우 니트knitted fox

응용은 99쪽을 보세요.

재료

- 털실 : 소모사(울 100%)
  100g–224m
  (A) 진홍색
  (B) 어울리는 색 1타래씩
- 대바늘 크기 4.5mm
- 솜
- 태피스트리용 바늘
- 스티치 마커
- 울 펠트 흰색, 검은색
- 바느질용 바늘
- 바느질용 실 검은색, 흰색
- 검은 플라스틱 눈 7.5cm
- 말린 콩

신축성 : 5코–7단–2.5cm

완성품 크기 : 길이 7.5cm
넓이 9cm
높이 15cm

만드는 방법

몸

A로 8코 CO, 양쪽이 뾰족한 바늘 3개에 나눠 원형을 만든다.

Rnd 1과 홀수 단 : k

Rnd 2 : [k1, m1] 끝까지 반복 – 16코

Rnd 4 : [k2, m1] 끝까지 반복 – 24코

Rnd 6 : [k3, m1] 끝까지 반복 – 32코

Rnd 8 : [k4, m1] 끝까지 반복 – 40코

Rnds 9-19 : k, 콩을 넣고 솜을 채워 뜨개질한다.

Rnd 20 : [k8, k2tog] 끝까지 반복 – 36코

Rnd 22 : [k7, k2tog] 끝까지 반복 – 32코

Rnd 24 : [k6, k2tog] 끝까지 반복 – 28코

Rnd 26 : [k5, k2tog] 끝까지 반복 – 24코

Rnd 28 : [k4, k2tog] 끝까지 반복 – 20코

Rnd 30 : [k3, k2tog] 끝까지 반복 – 16코

Rnd 32 : [k2, k2tog] 끝까지 반복–12코, 실을 자르고 마무리한다.

머리

A로 8코 CO, 양쪽이 뾰족한 바늘 3개에 나눠 원형을 만든다.

Rnd 1과 홀수 단 : k

Rnd 2 : [k1, m1] 끝까지 반복 –16코

Rnd 4 : [k2, m1] 끝까지 반복 –24코

Rnd 6 : [k3, m1] 끝까지 반복 –32코

Rnds 7-13 : k

Rnd 14 : [k6, k2tog] 끝까지 반복–28코

Rnd 16 : [k5, k2tog] 끝까지 반복–24코

Rnd 18 : [k4, k2tog] 끝까지 반복–20코, 솜을 채운다.

Rnd 20 : [k3, k2tog] 끝까지 반복–16코

Rnd 22 : [k2, k2tog] 끝까지 반복–12코, 실을 12코에 모두 꿰고 실을 잘라 매듭지어 마무리한다.

귀

머리 상단 좌측에 7코, 실은 오른쪽

R1 & 3 : k   R2 & 4 : p

R5 : k1, ssk, k1, k2tog, k1

R6 : k   R7 : ssk, k1, k2tog

R8 : p

R9 : k3tog, 실 끝을 집어넣고 다른 쪽 귀를 만든다.

꼬리

A로 CO 8코, 양쪽이 뾰족한 바늘 3개에 나누고 원형을 만든다.

Rnd 1과 홀수 단 : k

Rnd 2 : [k1, m1] 끝까지 반복 – 16코

Rnd 4 : [k2, m1] 끝까지 반복 – 24코

Rnds 5-21 : k, 솜을 채우기 시작한다.

Rnd 22 : B로 바꾸고 [k3, k2tog] 끝까지 반복 – 16코

Rnd 24 : [k2, k2tog] 끝까지 반복 – 12코

Rnd 26 : [k1, k2tog] 끝까지 반복 – 8코

Rnd 28 : k2tog 끝까지 – 4코, 실 끝을 모든 코에 넣고 마무리한다.

부분

주둥이와 배를 자르고 주둥이에 입을 수놓고 꿰맨다. 눈을 붙인다. 검은색 펠트에서 넓이 1.25cm, 높이 1cm의 작은 삼각형을 잘라 코를 만들어 얼굴에 꿰맨다.

꽃게 패브릭 fabric crab

응용은 100쪽을 보세요.

재료

- 천 : 로버트 카프만 코나 코튼(Robert Kaufman Kona Cotton, 면 100%), 붉은색과 옅은 황토색으로 각각 25cm
- 투사지
- 카드보드지
- 바느질용 실, 붉은색과 상아색
- 솜
- 검은색 플라스틱 눈, 15mm

완성품 크기 : 길이 29cm 넓이 20cm

만드는 방법

카드보드지를 사용해 꽃게 몸 안쪽을 만든다. 나머지 부위는 천을 사용한다. 다리와 몸의 반쪽은 붉은색 천, 다른 반쪽은 상아색 천(꽃게 상단, 하단)을 사용한다. 왼쪽으로 구부러지는 다리 4개, 오른쪽으로

구부러지는 다리 4개, 앞다리, 뒷다리를 만든다. 양쪽 집게는 붉은색 천에서 자른다.

다리와 집게는 앞면을 맞대고 시접 0.5cm를 두고 직선 가장자리를 남겨 꿰맨다. 속을 뒤집고 주름진 부분은 다림질한다. 살짝 솜을 채운다. 몸의 가장자리에서 0.5cm 안쪽으로 시침질한다. 천의 뒷면 중앙에 몸 안쪽 도안을 놓고 시침질하여 단단히 당긴다. 몸 양쪽에 동일하게 작업한 후 가장자리가 매끈하게 다림질한다.

붉은색 몸통의 상단 우측 가장자리 앞쪽에서 2.5cm 들어간 위치에 눈을 서로 7.5cm 정도 떨어뜨려 붙인다. 몸 아래쪽의 윗면이 바닥을 향하게 놓고 집게와 다리가 바깥쪽을 향하게 고정한다. 양쪽에 고루 배치하고 양쪽 집게는 서로 안쪽을 향하도록 한다. 다리는 양

쪽이 서로 다른 방향을 향하게 된다. 다리와 집게는 몸통 하단에 시침질한다. 그 위에 몸의 상단을 놓고 모두 뒷면을 맞대고 핀으로 고정한다. 가장자리에서 1cm 안쪽을 붉은색 실로 겉에서 꿰맨다. 뒷다리 하나에서 바느질을 시작해 다른 쪽 뒷다리에 이를 때까지 꿰맨다. 뒷면에 9cm 정도 남긴다. 솜을 채우고 마무리한다.

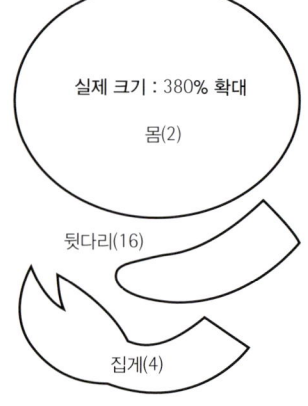

실제 크기 : 380% 확대

몸(2)

뒷다리(16)

집게(4)

부엉이 크로셰crochet owl

응용은 101쪽을 보세요.

재료

- 소모사, 회갈색으로 1타래
- 코바늘 H 사이즈
- 쌀 또는 말린 콩
- 솜
- 흰색이나 진회색 천
- 투사지
- 자수용 실
  진회색과 노란색

신축성 : 4½코─5단─2.5cm

완성품 크기 : 속을 채우고
나면 지름 6cm, 높이 10cm

만드는 방법

몸

원형뜨기로 dc6, 연결위해
빼뜨기
Rnd 1 : 모든 코에 dc2, 연결위
해 첫 dc에 빼뜨기 ─ dc12

Rnd 2 : ch1 [다음 코에 dc, 다음
코에 dc2] 둘러 뜨고 연결위해
첫 dc에 빼뜨기 ─ dc18
Rnd 3 : ch1 [다음 2코에 dc, 다
음 코에 dc2] 둘러 뜨고 연결위
해 첫 dc에 빼뜨기 ─ dc24
Rnd 4 : ch1 [다음 3코에 dc, 다
음 코에 dc2] 둘러 뜨고 연결위
해 첫 dc에 빼뜨기 ─ dc30
Rnds 5-15 : ch1, 다음 30코에
dc, 연결위해 첫 dc에 빼뜨기
Rnd 16 : ch1 [다음 3코에 dc,
skp1 다음 코에 dc] 둘러 뜨고
연결위해 첫 dc에 빼뜨기 ─
dc24
Rnd 17 : ch1 [다음 2코에 dc, skp
1, 다음 코에 dc] 둘러 뜨고 연
결위해 첫 dc에 빼뜨기 ─ dc18,
바닥에 콩을 넣고 속을 채운다.
Rnd 18 : ch1 [다음 코에 dc, skp
1, 다음 코에 dc] 둘러 뜨고 연
결위해 첫 dc에 빼뜨기 ─ dc12
Rnd 19 : ch1 [다음 코에 dc, skp
1, 다음 코에 dc] 둘러 뜨고 연
결위해 첫 dc에 빼뜨기 ─ dc6,
매듭짓고 실 끝을 마무리한다.

얼굴 & 날개

부엉이의 얼굴과 날개를 따라
그린다. 모양대로 자르고 핀으
로 고정한다. 3가지 크기의 날
개가 만들어진다. 날개마다 5
가지 깃털을 만든다. 부엉이의
부리와 눈을 얼굴에 수놓고 블
랭킷스티치로 얼굴을 꿰맨다.
날개를 핀으로 고정하고 상단
에 가로로 꿰맨다.

실제 크기 : 400% 확대

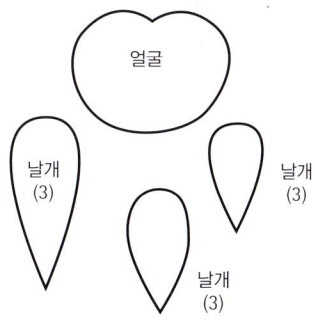

얼굴

날개
(3)

날개
(3)

날개
(3)

메뚜기 패브릭 fabric grasshopper

응용은 102쪽을 보세요.

재료

- 진녹색, 크림색, 검은 색상의 펠트
- 투사지
- 옷핀
- 초크
- 펠트 색상과 동일한 색상의 바느질용 실
- 바느질용 바늘
- 솜
- 철사
- 철사용 가위

완성품 크기 : 넓이 9cm
　　　　　　길이 14cm
　　　　　　높이 9cm

만드는 방법

메뚜기 도안을 아래 펠트 색상에 맞춰 그리고 잘라낸다. 몸(2) 회황색, 목(1) 회황색, 허벅지(2) 회황색, 뒷다리와 앞다리(4) 크림색, 날개(2) 진녹색, 배(1) 크림색, 더듬이와 눈(2) 검은색

몸통 2조각은 배 쪽을 남기고 블랭킷스티치로 꿰맨다. 실을 자르지 않는다. 배 도안은 몸의 배 가장자리 한쪽에 핀으로 고정시키고 블랭킷스티치한다. 속을 채우고 배의 다른 쪽을 꿰매면서 계속 솜을 채운다. 실을 자르고 실 끝을 안에 숨긴다.

메뚜기의 등에 날개를 고정하고 목 가까이 꿰맨다. 목 조각을 날개 꿰맨 부위에 칼라처럼 덮는다. 칼라를 날개 위에 블랭킷스티치하여 부착한다.

메뚜기 다리 안에 철사를 넣으면 세울 수 있다. 철사를 다리보다 2.5cm 정도 길게 만든다. 끝을 안쪽으로 구부려 나중에 펠트를 뚫고 나오지 않게 한다. 철사를 다리 모양대로 구부리고 다리 천 사이에 넣고 양쪽을 블랭킷스티치한 후 다른 다리도 동일하게 작업한다.

메뚜기는 점프용으로 튼튼한 뒷다리가 필요하다. 이제 뒷다리에 허벅지를 만들자. 뒷다리 하나를 허벅지와 다리 관절의 45도 위치에 허벅지 천으로 감싼다. 허벅지 주위를 블랭킷스티치하며 조금씩 솜을 채워 나간다. 꼬리 끝에서 2.5cm 위치에 꿰맨다. 다른 쪽 다리에도 동일하게 작업한다. 앞 다리는 몸에, 눈과 더듬이는 머리에 꿰맨다.

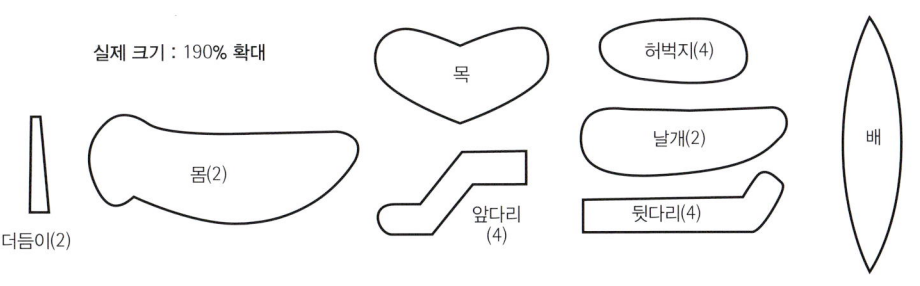

실제 크기 : 190% 확대

더듬이(2)

몸(2)

목

앞다리
(4)

허벅지(4)

날개(2)

뒷다리(4)

배

스테고사우루스 펠트 needle felt stegosaurus

응용은 103쪽을 보세요.

재료

- 울 로빙, 자몽색으로 12g 정도, 눈에 사용할 검은색 소량
- 울 펠트, 연한 쑥색
- 펠트용 폼 패드
- 펠트용 바늘 38 사이즈
- 바느질용 실, 자몽색
- 바느질용 바늘

완성품 크기 : 길이 14cm
넓이 4.5cm
높이 8.25cm

만드는 방법

자몽색의 울 로빙을 말아 길이 11.5cm, 넓이 5.5cm짜리 튜브를 만들되 가운데를 끝보다 넓게 만든다.

말은 울을 폼 패드 위에 놓고 손가락으로 끝을 잡는다. 펠트용 바늘을 다른 손으로 잡고 끝을 함께 찌른다.

손가락으로 잡고 전체적으로 찔러 단단해졌는지 확인한다. 아직 고르지 않더라도 나중에 부드럽게 만들면 된다.

공룡의 머리와 꼬리 형태를 잡는다. 머리나 꼬리의 길이를 늘릴 경우 울을 떼어 끝 쪽을 감싸면서 계속 작업한다. 배를 더 크게 만들고 싶다면 동일하게 작업하면 된다.

자연스럽게 만들기 위해 전체적으로 한 겹 감싸고 가장자리는 살짝 넣으면서 펠팅 작업하여 매끈하게 만든다.

튜브 모양으로 4개를 말아 다리를 만들고 한쪽 끝은 몸에 니들펠트하여 붙이기 쉽도록 성글게 놔둔다. 다리를 몸 옆에 대고 니들펠트한다.

검은색 울을 조금 떼어 작고 검은 점으로 눈 모양을 만든다. 연한 쑥색 울 펠트에서 크기가 다른 오각형 모양을 잘라내어 등에 얼깃설깃 꿰맨다.

잠자리 크로셰crochet dragonfly

응용은 104쪽을 보세요.

재료

- 털실 : 라이온 브랜드 코튼 뱀부(Lion Brand Cotton Bamboo, 면 52% 뱀부 48%) 100g—225m (A) 주홍색으로 1타래 코튼 플리스(Cotton Fleece, 면 80% 메리노 울 20%) 100g—196m (B) 터키옥색으로 1타래
- 코바늘 4mm
- 태피스트리용 바늘

신축성 : 5코—6단—2.5cm

완성품 크기 : 넓이 11.5cm 길이 14cm

만드는 방법

날개

A로 ch11 뜨고 뒤집는다.

R1 : 코바늘로 2번째 코에서 시작, dc10 뜨고 뒤집는다.

R2 : ch1, 다음 9코에 dc, (기본 ch 아래로 계속 코바늘뜨기한다) 다음 2코에 dc2, dc9 — dc22

실을 자르고 마무리한다.

날개를 3개 더 만든다.

몸

B를 사용해 원형뜨기로 dc 6코를 만들고 연결위해 빼뜨기 ch1, 다음 6코에 dc, 7.5cm 빼뜨기, 실과 같은 색의 실로 속을 채운다.

Rnd 1 : ch1 [dc2, 다음 코에 dc2] 2회, 연결위해 처음 dc에 빼뜨기 — dc8

Rnd 2 : ch1, 다음 8코에 dc, 연결위해 처음 dc에 빼뜨기

Rnd 3 : ch1 [다음 3코에 dc, 다음 코에 dc2] 1회 반복하고 빼뜨기 — dc10

Rnd 4 : ch1, 다음 10코에 dc, 연결위해 처음 dc에 빼뜨기

Rnd 5 : ch1 [다음 3코에 dc, dc2tog] 1회 반복하고 빼뜨기 — dc8

Rnd 6 : ch1, 다음 8코에 dc, 연결위해 처음 dc에 빼뜨기

Rnd 7 : ch1 [다음 2코에 dc, dc2tog] 2회, 연결위해 처음 dc에 빼뜨기 — dc6

머리

ch1 [다음 6코에 dc, sl st] 1.25cm 뜨고 매듭짓고 실 끝을 마무리한다. 날개를 옆에 놓고 납작한 끝을 손가락으로 집어 몸통의 양쪽에 꿰맨다.

문어 크로셰crochet octopus

응용은 *105*쪽을 보세요.

재료

- 털실 : 소모사(울 85% 앙고라 15%) 100g—175m
  (A) 초록색
  (B) 주황색 1타래씩
- 코바늘 5mm
- 태피스트리용 바늘
- 검은색 플라스틱 눈 9mm
- 검은색 자수용 실
- 솜

신축성 : 4½코—5단—2.5cm

완성품 크기 : 넓이 12cm
             높이 12cm

만드는 방법

몸

A를 사용해 원형뜨기 dc6, 연결 위해 첫 코에 빼뜨기

Rnd 1 : ch1, 모든 코에 dc2, 연결위해 첫 코에 빼뜨기 – dc12

Rnd 2 : ch1 [다음 2코에 dc, 다음 코에 dc2] 4회, 연결위해 첫 코에 빼뜨기 – dc16

Rnd 3 : ch1 [다음 3코에 dc, 다음 코에 dc2] 4회, 연결위해 첫 코에 빼뜨기 – dc20

Rnd 4 : ch1 [다음 4코에 dc, 다음 코에 dc2] 4회, 연결위해 첫 코에 빼뜨기 – dc24

Rnd 5 : ch1 [다음 5코에 dc, 다음 코에 dc2] 4회, 연결위해 첫 코에 빼뜨기 – dc28

Rnd 6 : ch1 [다음 6코에 dc, 다음 코에 dc2] 4회, 연결위해 첫 코에 빼뜨기 – dc32

Rnds 7-10 : ch1, 다음 32코에 dc, 연결위해 첫 코에 빼뜨기
눈을 사진을 보고 단다.

Rnd 11 : ch1 [다음 6코에 dc, dc2tog] 4회, 연결위해 첫 코에 빼뜨기 – dc28

Rnd 12 : ch1 [다음 5코에 dc, dc2tog] 4회, 연결위해 첫 코에 빼뜨기 – dc24

Rnd 13 : ch1 [다음 4코에 dc, dc2tog] 4회, 연결위해 첫 코에 빼뜨기 – dc20, 솜을 넣기 시작 하고 끝까지 채운다.

Rnd 14 : ch1 [다음 3코에 dc, dc2tog] 4회, 연결위해 첫 코에 빼뜨기 – dc16

Rnd 15 : ch1 [다음 2코에 dc, dc2tog] 4회, 연결위해 첫 코에 빼뜨기 – dc12

Rnd 16 : ch1 [dc2tog] 6회, 연결위해 첫 코에 빼뜨기 – dc6
얼굴에 미소 짓는 입을 꿰맨다.

촉수

B를 사용해 원형뜨기 dc6, 연결 위해 빼뜨기

Rnd 1 : ch1 [다음 코에 dc, 다음 코에 dc2] 3회, 연결위해 첫 코에 빼뜨기 – dc9, B를 매듭짓고 A를 연결한다.

Rnds 2-10 : ch1, 다음 9코에 dc, 연결위해 첫 코에 빼뜨기
꿰맬 실을 남겨 자르고 촉수에 2cm 가량 솜을 채운다. 촉수를 7개 더 만든다. 가장자리를 납작하게 만든 후 몸통 바깥쪽 가장자리에 균등하게 펴놓고 꿰맨다. 남은 다리 4개를 다리 사이에 아래쪽으로 꿰맨다. 실 끝을 마무리한다.

돼지 크로셰crochet pig

응용은 106쪽을 보세요.

재료

- 털실 : 세퍼드쉐이드
  (Shepherd's Shodes,
  울 100%) 100g—120m
  (A) 연분홍
  (B) 진분홍 각각 1타래
- 코바늘 5.5mm와 6mm
- 속재로
- 태피스트리용 바늘
- 검은색 자수용 실
- 플라스틱 눈 7.5mm

신축성 : 4코—4½단—2.5cm

완성품 크기 : 길이 14.5cm
넓이 6.5cm
높이 7.5cm

만드는 방법

몸(코바늘 6mm)

A를 사용해 원형뜨기 dc6, 둥글게 연결하기 위해 첫 코에 빼뜨기

Rnd 1 : ch1, 각 코에 dc2, 연결위해 첫 코에 빼뜨기 — dc12

Rnd 2 : ch1 [다음 코에 dc, 다음 코에 dc2] 6회, 연결위해 첫 코에 빼뜨기 — dc18

Rnd 3 : ch1 [다음 2코에 dc, 다음 코에 dc2] 6회, 연결위해 첫 코에 빼뜨기 — dc24

Rnds 4-8 : ch1, 각 코에 dc, 연결위해 첫 코에 빼뜨기

Rnd 9 : ch1 [다음 3코에 dc, 다음 코에 dc2] 3회, 다음 12코에 dc, 연결위해 첫 코에 빼뜨기 — dc27

Rnd 10 : ch1 [다음 4코에 dc, 다음 코에 dc2] 3회, 다음 12코에 dc, 연결위해 첫 코에 빼뜨기 — dc30

Rnds 11-12 : ch1, 다음 30코에 dc, 연결위해 첫 코에 빼뜨기

Rnd 13 : ch1 [다음 4코에 dc, dc2tog] 3회, 다음 12코에 dc, 연결위해 첫 코에 빼뜨기 — dc27

Rnd 14 : ch1 [다음 3코에 dc, dc2tog] 3회, 다음 12코에 dc, 연결위해 첫 코에 빼뜨기 — dc24

Rnds 15-19 : ch1, 다음 24코에 dc, 연결위해 첫 코에 빼뜨기 — dc24, 솜을 채운다.

Rnd 20 : ch1 [다음 2코에 dc, dc2tog] 6회, 연결위해 첫 코에 빼뜨기 — dc18

Rnd 21 : ch1 [다음 2코에 dc, dc2tog] 6회, 연결위해 첫 코에 빼뜨기 — dc12

Rnd 22 : ch1 [dc2tog] 6회, 연결위해 첫 코에 빼뜨기 — dc6, 배 부분이 늘어나 있을 것이다.

돼지 코(코바늘 6mm)

B의 진분홍색으로 원형뜨기 dc6, 둥글게 연결하여 처음 dc에서 빼뜨기,

Rnd 1 : ch1, 각 코에 dc2 , 연결위해 첫 코에 빼뜨기 — dc12

Rnd 2 : ch1, 다음 12코에 dc, 연결위해 첫 코에 빼뜨기
돼지 얼굴에 코를 꿰맬 실을 남기고 자른다.

귀(코바늘 6mm)

ch4, ch1, 뒤집는다.

R1 : 코바늘에서 두 번째 코에서부터 시작해 dc3, ch1, 뒤집는다.

R2 : 코바늘에서 두 번째 코에서부터 시작해 dc2, 다음 2코에 dc 2코, dc2
머리에 꿰맬 실을 남기고 자른다. 살짝 말려들어갈 것이다. 다른 쪽 귀를 만든다.

다리(코바늘 6mm)

B의 원형뜨기 dc6, 연결위해 첫 코에 빼뜨기

Rnd 1 : ch1 [다음 코에 dc, 다음 코에 dc2] 3회, 연결위해 첫 코에 빼뜨기 – dc9

Rnd 2 : ch1 [다음 2코에 dc, 다음 코에 dc2] 3회, 연결위해 첫

코에 빼뜨기. B를 매듭짓고 A 연결 – dc12

Rnd 3-6 : ch1, 다음 12코에 dc, 연결위해 첫 코에 빼뜨기, 몸에 꿰맬 실을 남기고 자른다. 발을 3개 더 만든다.

꼬리(A천과 5.5mm 코바늘)

ch 6, 뒤집고 코바늘로 두 번째 코에서 시작해 각 코에 dc3. 실

을 남기고 잘라 꼬리를 꿰맨다. 다리에 솜을 채우고 몸에 꿰맨다. 끝을 돼지 코 모양으로 잡고 필요하면 솜을 좀 더 채운 후 얼굴 중앙에 꿰맨다. 검은색 플라스틱 눈을 붙이고 귀와 꼬리를 꿰맨다. 돼지 코에 검은색으로 콧구멍을 2개 만든다.

애벌레 니트knitted caterpillar

응용은 107쪽을 보세요.

재료

- 털실 : 소모사(울 100%)
  100g—224m
  (A) 진보라
  (B) 주홍색
  (C) 연청색
  (D) 노란색
  (E) 진분홍
  (F) 암녹색
  (G) 흰색
  (H) 검은색, 1타래씩
- 대바늘 4mm
- 코바늘 3.75mm
- 속재료
- 태피스트리용 바늘
- 검은 플라스틱 7.5mm

신축성 : 6코—7½단—2.5cm

완성품 크기 : 길이 16cm
　　　　　　넓이 3cm
　　　　　　높이 4cm

만드는 방법

A로 CO 8코

R1 : p

R2 : k1, m1 [k2, m1] 3회, k1
　 —12코

R3 : p

R4 : k1, m1 [k2, m1] 5회, k1
　 —18코

R5-7 : st st로 계속한다.

R8 : B실로 바꾸고 겉뜨기

R9-13 : st st

R14 : C실로 바꾸고 겉뜨기

이런 식으로 뜨개질하여 6단을
마치고 색상을 바꾼다. 뜨개질
하면서 솜을 채워간다. G색 차
례가 되면 다음 작업을 한다.

R1-6 : k

R7 : [k1, k2tog] 끝까지 반복
　 —12코

R8 : p

R9 : [k1, k2tog]끝까지 반복
　 —8코

R10 : p

BO한 후 실을 넉넉히 남기고 끝
을 마무리한다. 검은색 눈을 붙
이고 머리에 검은색 실(H)로 사
슬뜨기 4코하여 더듬이를 만들
고 실 끝을 마무리한다. 애벌레
옆면을 메리야스뜨기하고 솜을
채워 끝을 꿰매 봉한다.

브론토사우루스 크로셰 crochet brontosaurus

응용은 *108쪽*을 보세요.

재료

- 털실 : 소모사(울 85%, 앙고라 15%) 100g–175m 터키옥색으로 1타래
- 코바늘 5mm
- 태피스트리용 바늘
- 속재료
- 파이프 클리너 2개
- 검은색 울 펠트
- 검은색 자수용 실

신축성 : 4코–5단–2.5cm

완성품 크기 : 길이 32cm
넓이 11cm
높이18cm

만드는 방법

꼬리

ch2, 두 번째 코에 dc6, 연결위해 첫 코에 빼뜨기

Rnd 1 : ch1 [다음 코에 dc, 다음 코에 dc2] 3회, 연결위해 첫 코에 빼뜨기 – dc9

Rnds 2-9 : ch1, 다음 9코에 dc, 연결위해 첫 코에 빼뜨기

Rnd 10 : ch1 [다음 2코에 dc, 다음 코에 dc2] 3회, 연결위해 첫 코에 빼뜨기 – dc12

Rnd 11 : ch1, 다음 12코에 dc, 연결위해 첫 코에 빼뜨기

Rnd 12 : ch1 [다음 3코에 dc, 다음 코에 dc2] 3회, 연결위해 첫 코에 빼뜨기 – dc15

Rnd 13 : ch1, 다음 15코에 dc, 연결위해 첫 코에 빼뜨기

Rnd 14 : ch1 [다음 4코에 dc, 다음 코에 dc2] 3회, 연결위해 첫 코에 빼뜨기 – dc18

Rnd 15 : ch1, 다음 18코에 dc, 연결위해 첫 코에 빼뜨기

Rnd 16 : ch1 [다음 2코에 dc, 다음 코에 dc2] 6회, 연결위해 첫 코에 빼뜨기 – dc24

Rnd 17 : ch1, 다음 24코에 dc, 연결위해 첫 코에 빼뜨기

Rnd 18 : ch1 [다음 3코에 dc, 다음 코에 dc2] 6회, 연결위해 첫 코에 빼뜨기 – dc30

Rnd 19 : ch1 [다음 30코에 dc, 연결위해 첫 코에 빼뜨기

Rnd 20 : ch1 [다음 4코에 dc, 다음 코에 dc2] 6회, 연결위해 첫 코에 빼뜨기 – dc36

파이프 클리너 끝을 말아 꼬리 안에 넣은 후 솜을 채운다.

Rnds 21-29 : ch1, 다음 36코에 dc, 연결위해 첫 코에 빼뜨기

Rnd 30 : ch1 [다음 4코에 dc, dc2tog] 6회, 빼뜨기 – dc30

Rnd 31 : ch1, 다음 30코에 dc, 연결위해 첫 코에 빼뜨기

Rnd 32 : ch1 [다음 3코에 dc, dc2tog] 6회, 연결위해 첫 코에 빼뜨기 – dc24

Rnd 33 : ch1 [다음 24코에 dc, 연결위해 첫 코에 빼뜨기, 다음 16코는 목 형태를 잡는다.

Rnd 34 : ch1 [다음 2코에 dc, dc2tog] 4회, 다음 코에 빼뜨기 하여 연결, 뒤집는다.

Rnd 35 : ch1 [다음 코에 dc, dc2tog] 4회, 다음 코에 빼뜨기 하여 연결, 뒤집는다.

Rnds 36-38 : 두 번째 코에서 시

작, 다음 8코에 dc, 다음 코에 빼뜨기로 연결, 뒤집는다. 파이프 클리너를 목 아래쪽으로 넣고 솜을 채운다.

Rnds 39-46 : ch1, 다음 18코에 dc, 연결위해 첫 코에 빼뜨기 – dc18

Rnd 47 : ch1 [다음 4코에 dc, dc2tog] 3회, 연결위해 첫 코에 빼뜨기 – dc15

Rnds 48-52 : 다음 15코에 dc, 연결위해 첫 코에 빼뜨기 – dc15

머리 형태잡기

Rnd 53 : ch1 [다음 2코에 dc, 다음 코에 dc2] 5회, 연결위해 첫 코에 빼뜨기 – dc20

Rnd 54 : ch1 [다음 3코에 dc, 다음 코에 dc2] 5회, 연결위해 첫 코에 빼뜨기 – dc25

Rnd 55 : ch1 [다음 2코에 dc, 다음 코에 dc2] 5회, 10 dc, 연결위해 첫 코에 빼뜨기 – dc30

Rnds 56-57 : ch1, 다음 30코에 dc, 연결위해 첫 코에 빼뜨기

Rnd 58 : ch1 [다음 2코에 dc, dc2tog] 5회, dc10, 연결위해 첫

코에 빼뜨기 – dc25

Rnd 59 : ch1 [다음 3코에 dc, dc2tog] 5회, 연결위해 첫 코에 빼뜨기 – dc20

Rnd 60 : ch1 [다음 2코에 dc, dc2tog] 5회, 연결위해 첫 코에 빼뜨기 – dc15

Rnd 61 : ch1 [다음 코에 dc, dc2tog] 5회, 연결위해 첫 코에 빼뜨기 – dc10

Rnd 62 : ch1 [dc2tog] 5회, 연결위해 첫 코에 빼뜨기 – dc5, 매듭짓고 마무리한다.

다리

Rnd 1 : 원형뜨기로 dc6, 연결위해 첫 코에 빼뜨기

Rnd 2 : ch1, 각 코에 dc2, 연결위해 첫 코에 빼뜨기, ch1 – dc12

Rnd 3 : ch1 [dc1, 다음 코에 dc2] 6회, 연결위해 첫 코에 빼뜨기 – dc18

Rnds 4–9 : ch1, dc18, 연결위해 첫 코에 빼뜨기. 다리를 꿰맬 실을 남겨 자르고 3개 더 만든다. 솜을 채우고 몸통을 꿰맨다. 검은색 펠트에서 눈을 2개 잘라 붙인다.

오리 니트 블록knitted duck

응용은 *109쪽*을 보세요.

재료

- 털실 : 세퍼드쉐이드 (Shepherd's Shodes, 울 100%) 100~120m, 노란색 1타래
- 울 로빙, 부리용으로 소량의 오렌지 색
- 대바늘 6mm
- 속재료
- 태피스트리용 바늘
- 검은색 플라스틱 눈 7.5mm
- 펠트용 폼 패드
- 펠트용 바늘 38 사이즈

신축성 : 4½코−6단−2.5cm

완성품 크기 : 길이 9cm
　　　　　　 넓이 4.5cm
　　　　　　 높이 7.5cm

만드는 방법

몸

CO 8코, 대바늘 3개에 나누고 연결하여 원형으로 뜬다.

Rnd 1 : k
Rnd 2 : [k2, m1] 3회 반복, 끝까지 − 12코
Rnd 3 : k
Rnd 4 : [k3, m1] 3회 반복, 끝까지 − 16코
Rnd 5 : k
Rnd 6 : [k4, m1] 3회 반복, 끝까지 − 20코
Rnds 7-14 : k
Rnd 15 : [k3, k2tog] 3회 반복, 끝까지 − 16코
Rnd 16 : k, 솜을 채우면서 진행한다.
Rnd 17 : [k2, k2tog] 3회 반복, 끝까지 − 12코
Rnd 18 : [k1, k2tog] 3회 반복, 끝까지 − 8코, 남은 코를 잡아 단단히 매듭짓고 마무리한다.

머리

CO 8코, 대바늘 3개에 나누고 연결하여 원형으로 뜬다.

Rnd 1 : k
Rnd 2 : [k2, m1] 3회 반복, 끝까지 − 12코
Rnd 3 : k
Rnd 4 : [k3, m1] 3회 반복, 끝까지 − 16코
Rnds 5-7 : k
Rnd 8 : [k2, k2tog] 3회 반복, 끝까지 − 12코, 머리에 솜을 채우면서 진행한다.
Rnd 9 : k
Rnd 10 : [k1, k2tog] 3회 반복, 끝까지 − 8코, 플라스틱 눈을 단다.
Rnd 11 : k, 남은 코를 잡아당겨 매듭짓고 마무리한다.

부리

주황색 로빙을 길이 4cm, 넓이 2.5cm로 접는다. 펠트용 폼 패드에 놓고 펠트용 바늘로 찔러 부리 쪽은 부드럽게 만들고 다른 쪽은 성글게 놔둔다. 부리를 얼굴에 대고 니들펠트하고 부리 상−하단의 모서리를 뒤집는다. 노란색 털실로 머리를 제 위치에 꿰맨다. 실 끝을 오리 안에 숨긴다.

응용

토끼 패브릭

기본 디자인은 67쪽을 보세요.

토끼 아플리케

토끼 몸통과 귀 도안을 활용해 아기용 담요 또는 아이의 방을 꾸밀 소품 장식을 만들 수 있다. 슈퍼히어로 망토 도안(159쪽 참조)의 아플리케 만드는 방법을 참고해 토끼 아플리케를 바느질한다.

부활절 토끼 초콜릿

갈색 천을 사용해 토끼 도안을 따라 그리고 부활절 토끼 초콜릿을 만든다. 목에 노란색 리본을 매고 작은 바구니에 토끼를 담는다.

토끼형 문 받침대

토끼 도안을 150% 확대하고 만드는 방법을 따라 바느질한다. 몸통의 하단에 쌀이나 말린 콩을 채워 묵직한 문 받침대가 되도록 만든다.

앙고라토끼

5×7.5cm의 타원과 3cm짜리 머리를 만든다. 4cm 길이의 귀를 잘라 니들펠트하여 머리에 붙인다. 울을 조금 떼어 한쪽을 니들펠트하여 토끼에 붙이고 바깥쪽은 성글게 풀어진 채로 두고 토끼의 코와 입을 제외한 얼굴과 몸을 전체적으로 감싼 후 니들펠팅한다. 얼굴에 눈, 코, 입을 꿰매고 2cm로 울을 공 모양으로 니들펠트하여 꼬리를 만든다.

토끼패밀리

토끼 도안을 100% 확대하여 엄마아빠 토끼를 만들고 기본 도안 크기로 새끼토끼를 만든다.

응용

T-렉스 인형

기본 디자인은 68쪽을 보세요.

벨로키랍토르(작은 공룡)

T-렉스 도안에서 팔을 늘려 하단 안쪽으로 구부린다. 복부 도안의 가장 넓은 부분을 4cm 줄이고 잘라 목에서 꼬리까지 더 좁아지게 만들어 T-렉스보다 날씬한 공룡을 만든다.

드래곤

녹색 면을 사용해 T-렉스 만드는 방법을 따른다. 주황색 면에서 7.5cm짜리 뾰족한 날개 2장을 잘라낸다. 4cm를 남기고 함께 꿰맨 후 속을 뒤집어 솜을 살짝 채우고 꿰매 봉한다. 다른 쪽 날개도 동일하게 작업하고 용의 등이나 앞다리보다 조금 뒤에 날개를 붙인다.

고질라

비늘 같은 질감을 가진 천을 사용해 T-렉스 만드는 방법을 따른다. 83쪽의 스테고사우루스 도안을 참고해 비늘을 잘라 등과 꼬리에 꿰맨다. 흰색 실로 입에 뾰족한 이빨을 수놓는다. 고질라가 넘어뜨릴 작은 빌딩을 니들펠트하여 만든다.

거대한 T-렉스

T-렉스 도안을 100% 확대하여 안고 잘 수 있는 커다란 T-렉스를 만든다.

캥거루

연갈색 천을 사용해 T-렉스를 캥거루로 변신시킨다. 2.5-4cm짜리 귀를 머리에 꿰맨다. 크림색 천을 사용해 배를 만든다. 도안을 축소해 캥거루 배에 넣을 아기 캥거루를 탄생시킨다.

응용

고래 패브릭

기본 디자인은 71 쪽을 보세요.

일각돌고래(narwhal, 위 사진)

뾰족한 이빨을 붙여 일각돌고래를 만들자. 노란색 펠트를 길이 12.5cm, 넓이 2.5cm로 2장 잘라낸다. 2.5cm 정도는 폭이 좁아지게 뾰족하게 만들고 꿰맨다.

범고래

패턴 있는 천 대신 검은색 천을 사용해 범고래를 만들자. 5cm 길이의 삼각형을 잘라 등지느러미를 만들고 고래 등에 꿰맨다. 흰색 펠트에서 얼굴에 붙일 타원과 배에 붙일 점을 잘라내고 고래에 붙인다.

돌고래

고래의 머리가 좁아지게 만들어 돌고래처럼 만든다. 몸통은 회색 천을 사용한다. 5cm 길이의 삼각형 지느러미를 만들어 돌고래 등에 꿰맨다.

아기고래

도안을 ¼로 축소하여 납작한 아기고래 2마리를 만든다. 새끼들을 엄마고래의 한쪽에 꿰매 고정한다.

상어

고래의 머리가 좁아지게 만들고 끝을 둥글게 하여 상어의 입을 만든다. 뾰족한 이빨과 아가미를 머리의 옆면에 수놓는다. 7.5cm 길이의 상어 지느러미를 자르고 등에 꿰맨다.

곰 인형 펠트

기본 디자인은 72쪽을 보세요.

코끼리 인형 펠트

1.25cm 길이의 긴 귀를 회색 울로 니들펠트하고 팔을 만드는 방법을 사용해 코를 만든다. 얼굴에 코를 붙이고 울을 한 겹 더 니들펠트하여 자연스럽게 만든다.

금발소녀 & 곰 세 마리

곰을 각기 다른 크기로 펠트하고 금발소녀를 펠트한다. 몸은 파란색 울을 바닥이 넓은 콘 형태로 만들되, 넓게 펼쳐지도록 울을 계속 추가한다. 머리는 베이지색 울을 공처럼 만들어 펠트하고 노란색 털실로 머리에 펠트한다. 베이지색 울을 튜브처럼 말아 팔과 다리를 펠트하여 붙인다. 다른 부분도 세세하게 만든다.

사자

노란색 울로 곰을 만든다. 주황색 울을 조금 떼어 얼굴 주위에 원형으로 펠팅하되, 사자의 갈기를 위해 울 일부를 느슨하게 둔다. 1.25cm 길이의 노란색 자수용 실을 뒤쪽에 매듭지어 꼬리를 만들고 실 끝부분에 매듭을 하나 더 짓는다.

판다곰

검은색과 흰색 울을 사용해 곰 도안을 따라 판다를 만든다. 흰색 울로 배와 머리를 펠팅하고 검은색으로 귀, 다리, 팔, 눈 주변을 펠팅한다. 검은색 울로 팬더 어깨를 감싸고 펠팅하여 자연스럽게 만든다.

코알라

회색 실을 사용해 곰 도안을 따라 코알라를 만든다. 귀는 곰의 2배로 만들고 머리 위에 니들펠트하여 붙인다. 얼굴 중앙에 검은 색 코를 크게 니들펠트한다. 울 펠트에서 유칼립투스나무 잎 모양을 잘라 코알라 발에 꿰맨다.

응용

여우 니트

기본 디자인은 74쪽을 보세요.

향-여우

여우 배를 봉하기 전에 말린 라벤더를 넣어 향이 나는 인형으로 만든다.

늑대 니트

여우 니트 도안을 따르되 회색 털실을 사용해 머리, 귀, 몸, 꼬리를 만든다. 늑대 꼬리를 여우보다 좁게 만들기 위해 4단과 22단은 생략하고 꼬리는 전부 회색 실을 사용한다. 여우 도안을 사용해 배와 주둥이를 만든다. 동화 속의 나쁜 늑대를 연출하려면 작은 돼지 3마리(106쪽 참고)를 만들고 집을 바람으로 불어 날리는 동작을 보여주려면 입 주위에 검은색 실로 원을 수놓는다.

너구리 니트

진홍색 대신 진회색 털실을 사용한다. 검은색 펠트를 1.25cm 길이로 잘라 눈 위에 꿰매고 흰색 펠트를 0.5cm 잘라 눈 위에 꿰맨다(눈썹처럼). 여우 도안의 흰색 주둥이를 따라 만들고, rnds 10-15는 흰색을 사용해 꼬리에 흰 줄을 추가한다.

마우스 니트

연갈색 털실로 여우 니트 도안을 따라 작은 쥐를 만든다. 주둥이는 생략하고 펠트에서 연갈색으로 둥근 귀를 잘라 머리에 꿰맨다. 똑같은 갈색 실을 사용해 10cm 정도 코바늘로 사슬뜨기하고 꼬리 자리에 꿰맨다.

큰 여우

도안과 재료를 모두 4배로 크게 만들어 안고 잘 수 있는 크기의 여우를 만든다.

꽃게 패브릭

기본 디자인은 76쪽을 보세요.

세세한 스티치

꽃게 배의 넓은 쪽이 아래를 향하게 하고 배와 어울리는 색상의 자수용 실로 배에 종 모양을 수놓는다. 종 모양에서 다리 쪽으로 4개의 선을 가로로 수놓는다.

작은 가재 패브릭

꽃게 만드는 방법대로 몸통을 만들고 나머지는 가재 도안(오른쪽)을 사용한다. 솜 채우는 방법과 바느질, 다리와 집게도 꽃게 만드는 방법을 따른다.

바다가재 패브릭

바다가재 몸통은 지름 23cm, 길이는 25cm의 튜브 형태로 대바늘뜨기한다. 솜을 채우고 꼬리 쪽은 모아 끝을 봉한다. 빨간색 천에서 부채 모양의 꼬리를 잘라 꿰매고 솜을 살짝 채운다. 꼬리와 다리, 집게를 몸통에 꿰맨다. 검은색 눈과 15cm 길이의 더듬이를 붙인다.

꽃게 주머니

배와 동일한 색상의 천을 사용해 손이 들어갈 정도의 주머니를 배 쪽에 꿰맨다. 게의 양 면을 꿰매기 전에 주머니를 꿰맨다.

꽃게 마리오네트

다보 2개를 "X"자 형태로 만들어 중앙을 묶는다. 양쪽 다리용으로 2쌍을 만든다. 실을 다리, 집게, 몸에 연결하고 다른 쪽 끝을 다보에 묶든지 풀로 붙인다. 이제 게를 움직여 춤추게 하자.

가재
몸(2)

실제 크기 :
380% 확대하면
꽃게 크기가
된다.

응용

부엉이 크로셰

기본 디자인은 79쪽을 보세요.

아기부엉이 펠트(사진)

울 로빙을 떼어 타원형으로 살짝 니들펠트하여 아기부엉이를 만든다. 검은색의 작고 둥근 눈을 니들펠트하고 펠트에서 노란색 부리를 잘라서 몸에 니들펠트한다. 흰색 펠트에서 날개를 2개 자르고 몸의 양쪽에 니들펠트하여 붙인다.

부엉이 손주머니

부엉이 만드는 방법을 따라 코바늘로 16단까지 뜬다. 속을 채우지 않고 실을 잘라 마무리한다. 이렇게 하면 아이의 손에 맞을 것이다.

볼링공 세트

작은 부엉이를 6개 만들어 작은 볼링공 세트를 맞춘다. 48쪽의 동글동글 바늘꽂이 도안을 참고하여 공을 만든다.

부엉이 둥지 크로셰

부엉이 크로셰 도안을 따라 크기가 다른 부엉이 3개를 손 인형 응용 같이 16번째 줄까지 만든다. 얼굴과 날개를 세세하게 묘사한다. 얇은 실과 바늘, 두꺼운 털실과 바늘을 사용해 크기를 달리하면 작은 부엉이가 큰 부엉이 안에 들어가게 할 수 있다.

자장가 들려주는 부엉이

녹음된 자장가나 마음을 달래는 소리를 사운드 칩에 담아 부엉이 가운데 집어넣는다. 끝까지 솜을 채우고 봉한다. 부엉이가 잠 못 드는 밤에 친구가 되어줄 것이다.

응용

메뚜기 패브릭

기본 디자인은 80쪽을 보세요.

귀뚜라미

메뚜기 도안을 ¼ 축소하여 만든다. 진갈색과 검은색 펠트로 메뚜기를 만들고 더듬이를 10cm 늘린다.

메뚜기 보금자리

메뚜기가 들어갈 수 있을 정도의 유리병이 필요하다. 병 바닥에 맞는 원형을 니들펠트한다. 녹색 펠트를 다양한 길이로 잘라 뾰족뾰족한 잔디를 만든다. 잔디를 원형 바닥 펠트에 바느질하든지 니들펠트하여 풍성하게 만든다. 유리병 안에 잔디를 넣고 메뚜기를 위에 놓는다. 더 어린 아이를 위해서 종이나 카드보드지로 만든 상자에 넣어도 된다.

메뚜기 막대인형

대나무 꼬챙이를 메뚜기 배에 꽂아 막대인형을 만든다. 무대를 만들고 종이로 잔디와 나무를 만든다.

메뚜기 모빌

서로 다른 크기의 메뚜기를 다른 색깔로 5마리 만든다. 39쪽의 "새 모빌 패브릭"을 따라 모빌을 만든다. 펠트로 만든 나뭇잎과 잔디를 다보에 붙인다.

수놓인 메뚜기

메뚜기 날개에 옅은 녹색으로 박음질하여 무늬를 수놓는다. 배에 진한색 실로 가로줄을 균일하게 꿰맨다.

응용

스테고사우루스 펠트

기본 디자인은 83쪽을 보세요.

공룡 모빌

스테고사우루스, 브론토사우루스, T-렉스를 니들펠트한다(68과 92쪽 참조). 몸통은 스테고사우루스 만드는 방법을 따른다. 10cm 길이의 튜브를 말고 니들펠트하여 브론토사우루스의 목을 만든다. 머리를 작게 만들어 목에 연결한다. 울 한 겹을 덮어 자연스럽게 만들고 검은 울로 눈을 펠팅한다. T-렉스를 만들려면 다리를 2.5cm 정도 늘리고 2.5cm 길이의 팔을 만들어 붙인다. 목은 2.5cm, 머리는 4cm 길이로 만들어 위에 붙인다.

트리케라톱스 펠트

스테고사우루스 만드는 방법을 따르되 등 비늘은 생략한다. 같은 색상의 펠트에서 4cm 길이를 곡선으로 잘라 턱밑 주머니를 만들고 붙인다. 흰색 펠트에서 2.5cm 길이의 뾰족한 뿔을 잘라 머리 위에 꿰맨다.

스테고사우루스 크로셰

92쪽의 브론토사우루스 크로셰 도안의 첫 부분을 따라 스테고사우루스를 만든다. 목 부분에 이르면 각 코에 dc하여 스테고사우루스의 머리를 7.5cm 정도 만든다. 마지막 단의 코에 실을 모두 넣고 잡아당겨 봉한다.

거대한 스테고사우루스

재료와 도안을 10배로 늘려 거대한 스테고사우루스를 만든다.

공룡 알

25cm 공룡 알 7개를 니들펠트한다. 한쪽을 반대쪽보다 조금 뾰족하고 좁게 만든다. 알에 크기가 다른 점을 여기저기 만든다.

잠자리 크로셰

기본 디자인은 84쪽을 보세요.

표본실의 잠자리

잠자리를 3마리 만들어 유리 상자나 액자에 넣자. 액자 안에 맞도록 코크 판이나 스티로폼을 자른다. 아이보리색 천으로 덮고 뒤를 풀로 붙인다. 마르고 나면 액자 안에 넣고 잠자리를 핀으로 고정시킨다.

잠자리 모빌

잠자리 5마리의 날개를 각기 다른 색으로 만들어 다보에 실로 연결해 모빌을 만든다(39쪽의 "새 모빌 패브릭" 참고).

나비

잠자리 몸통 만드는 방법을 따라 나비의 몸통을 만들다가 7.5cm 길이가 되면 멈춘다. 솜을 채우고 봉한다. 날개를 만들기 위해 각각 10cm 길이의 2단을 dc한다. 날개를 3개 더 만들고 반으로 접어 몸의 중앙에 꿰맨다. 검은색 펠트에서 더듬이 2개를 잘라 머리에 꿰맨다.

잠자리 머리핀

잠자리 크기를 50% 축소하여 머리핀에 적당한 크기를 만든다. 머리핀에 꿰매거나 강력 접착제로 붙인다.

잠자리 자석

날개 색깔이 다른 잠자리를 만들어 자석에 붙인다. 검은색 펠트에서 원모양을 잘라내어 1.25cm짜리 둥글고 강력한 자석과 함께 몸의 뒷면에 꿰맨다.

문어 크로셰

기본 디자인은 87쪽을 보세요.

오징어 크로셰

펠트를 길이 20cm, 넓이 10cm로 2장을 잘라 한쪽 끝을 뾰족하게 만든다. 2장을 겹쳐 꿰매고 봉하기 전에 솜을 채운다. 20cm 길이의 오징어 다리 8개를 코바늘 뜨기하고, 오징어 하단에 꿰맨다. 검은색 실로 양쪽에 눈을 만든다.

해파리

분홍 털실로 문어 몸통의 반 정도를 코바늘뜨기하여 반구 형태의 해파리를 만든다. 문어 다리와 돼지 꼬리(88쪽 참고) 도안을 참고해 사슬뜨기로 굽은 다리를 만든다. 반구 안쪽 중앙에 다리를 꿰맨다.

산호

문어 다리 만드는 방법을 따라 산호를 만든다. 빨간색 실을 사용해 다양한 길이의 산호를 만든다. 아래쪽을 함께 꿰매고 긴 산호에는 작은 것을 꿰매 가지처럼 만든다.

흡입 컵 혹은 부항단지

주황색 펠트에서 지름 0.5cm 원을 잘라 다리 안에 꿰매 흡착 컵을 만든다.

문어 딸랑이

문어 머리를 봉하기 전에 문어 머리 안에 방울을 넣는다. 문어 다리 안에 작은 플라스틱 조각을 넣어 소리나게 만든다.

동물 & 사물   105

응용

돼지 크로셰

기본 디자인은 88쪽을 보세요.

뽀뽀 돼지
돼지 코를 봉하기 전에 강력자석을 집어넣는다. 돼지 한 마리를 더 만들고 코에 자석을 집어넣으면, 두 마리의 뽀뽀하는 돼지가 만들어진다.

양 크로셰(사진)
흰색 털실로 돼지 만드는 방법을 따르다가 17번째 단 끝에서 검은색 실로 바꾼다. 귀는 검은색 털실로 코바늘뜨기하고 아래를 향하게 머리에 붙인다. 검은색 실로 귀를 하나 더 만들어 꼬리쪽에 붙인다. 검은색 실로 발을 코바늘뜨기한 후 몸에 꿰맨다. 흰색 울 로빙을 몸 전체에 니들펠트하여 풍성한 양털을 만든다.

젖소 크로셰
돼지 도안을 사용하되 몸통과 다리에 흰색 털실을 사용해 코바늘뜨기한다. 코는 분홍, 귀는 검은색 실을 사용한다. 검은색 펠트에서 점을 잘라 여기저기 꿰맨다.

아기돼지 3형제
돼지 3마리를 만들고 두꺼운 펠트로 30cm와 35.5cm의 정사각형 4장을 자른다. 옷감용 풀을 사용해 지푸라기, 나뭇가지, 벽돌 장식과 창문, 문 등을 붙인다. 동화처럼 지푸라기와 나뭇가지 집은 금방 쓰러질 듯이 약하게 짓고, 벽돌집은 벽과 지붕을 튼튼히 꿰매 아이들이 교훈을 얻을 수 있도록 한다.

아기돼지 펠트
울을 말아 머리를 만들고 스테고사우루스와 같은 방법으로 다리를 만든다. 1.25cm의 작은 꼬리를 말아 붙인다. 울을 조금 떼어 손가락 사이에서 말고 모양을 잡아 귀를 만든다. 작고 검은 눈 2개와 작은 콧구멍 2개를 니들펠트한다.

애벌레 니트

기본 디자인은 91쪽을 보세요.

책벌레
검은색 실로 애벌레의 눈 주위에 안경 모양을 수놓아 똘똘한 책벌레처럼 바꾼다.

변신 나비
애벌레 등 가운데 중간 크기 단추를 꿰매고 펠트에서 3×10cm의 날개 2장을 자른다. 날개에 단추 구멍을 만들어 애벌레 등의 단추에 걸면 나비로 변신한다.

지렁이 니트
갈색 털실을 사용해 애벌레 도안대로 뜨개질한다. 1–7단은 st st, 8–13단은 거꾸로 st st하여 6단마다 번갈아가며 끝까지 작업한다.

달팽이 펠트
녹색 울 로빙을 사용해 83쪽의 "스테고사우루스 펠트" 만드는 방법을 따라 몸통을 만든다. 꼬리와 머리끝에 울을 더 감고 자연스러워 보이도록 펠팅한다. 펠트에서 2.5cm의 더듬이를 잘라 머리에 꿰맨다.

뱀 니트
녹색 털실로 애벌레 도안의 1–4단을 만든 후 18코 st st하여 63.5cm 길이를 만든다. 7–10단 줄이는 방법을 따른다. 빨간색 펠트에서 7.5cm 길이의 뱀 혀를 잘라 가운데 "V"자를 만들고 입에 꿰맨다.

응용

브론토사우루스 크로셰

기본 디자인은 92쪽을 보세요.

네스 호의 괴물

브론토사우루스 만드는 방법대로 코바늘뜨기하고 다리는 생략한다. 펠트에서 10cm 크기의 나뭇잎 모양 지느러미를 잘라 세세하게 수놓아 몸에 꿰맨다.

자전거 타는 브론토사우루스

10cm 길이의 나무 다보를 몸 아래 다리 쪽에 밀어 넣는다. 나무 바퀴 4개를 다보에 고정하여 브론토사우루스에게 자전거를 만들어준다.

울부짖는 브론토사우루스

공룡 소리가 녹음된 사운드 칩이나 직접 녹음한 사운드 칩을 공룡 배 안에 넣고 봉한다.

즐거운 브론토사우루스

펠트로 작은 나비넥타이를 만들어 머리 바로 아래 목에 꿰매고 펠트와 고무줄로 머리에 쓸 고깔모자를 만든다. 모자에 땡땡이 패턴을 넣거나 끝에 방울을 달아준다. 이렇게 하면 파티를 즐기는 브론토사우루스가 만들어진다.

공룡 보금자리

펠트로 공룡의 보금자리를 50×50cm 크기로 만든다. 20×25cm 정도 되는 파란색 물웅덩이와 20×20cm 정도 되는 화산을 만든다. 펠트로 잔디를 만들어 바닥에 붙이고 펠트로 야자수도 만들고 다보로 지지하여 세운다.

오리 니트블록

기본 디자인은 94쪽을 보세요.

바퀴 위의 오리

7.5cm 길이의 나무로 된 다보 2개를 오리의 아래쪽 앞과 뒤에 밀어 넣는다. 나무로 된 바퀴를 붙이고 실을 오리목에 걸어 끌고 다닌다.

오리 패밀리

작은 오리 3마리를 대바늘뜨기하고 털실로 연결한다. 그리고 위에서 만든 오리와 연결하여 같이 끌고 다닌다.

거위 니트

대바늘뜨기한 오리 만드는 방법을 따른다. 몸통은 연갈색 털실, 머리는 검은색 털실, 부리에는 검은색 울을 사용한다. 목을 만들기 위해 검은색 실로 8코를 만들고 4cm 길이로 st st한다. 옆면을 꿰매 목을 만들어 달고 솜을 채우고 머리를 꿰매 붙인다.

오리 달린 행주

면 털실을 사용해 오리 도안대로 머리를 만든다. 주황색 털실로 3코 뜨고 8단을 st st하여 부리를 만든다. 긴 부분을 반으로 접고 옆면을 함께 꿰맨 후 얼굴에 바느질한다. 12.5cm짜리 정사각형을 대바늘로 가터뜨기하여 한쪽 모서리에 오리 머리를 꿰맨다.

오리 콩 주머니

오리를 5마리 뜨개질하고 말린 콩을 넣고 봉한다. 던지고 놀기 좋은 콩 주머니가 만들어진다.

음식 장난감

이번 장에 소개되는 작품들은

음식 갖고 놀 수 있는 장난감이다.

흔히 먹는 과일이나 야채,

맛있는 간식들이 소개된다.

피크닉이나 야외 회식에 제격이다.

애플 니트knitted apple

응용은 127쪽을 보세요.

재료

- 털실 : 셰퍼드쉐이드
  (Shepherd's Shodes,
  울 100%) 100g-120m
  붉은색 1타래
- 울 펠트, 갈색과 연녹색
- 대바늘 6mm
- 스티치 마커
- 속재료
- 말린 콩
- 태피스트리용 바늘
- 바느질용 바늘
- 갈색과 녹색의 자수용 실

신축성 : 4½-6단-2.5cm

완성품 크기 : 지름 6.5cm
         높이 9cm

만드는 방법

사과

CO 8코, 대바늘 3개에 나누고,

마커를 놓아 둥글게 연결한다.

Rnd 1과 홀수 단 : k

Rnd 2 : [k1, m1] 끝까지 반복 — 16코

Rnd 4 : [k2, m1] 끝까지 반복 — 24코

Rnd 6 : [k3, m1] 끝까지 반복 — 32코

Rnds 7-11 : k

Rnd 12 : [k6, k2tog] 끝까지 반복 — 28코

Rnd 14 : [k5, k2tog] 끝까지 반복 — 24코

Rnd 16 : [k4, k2tog] 끝까지 반복 — 20코, 솜을 채우기 시작한다.

Rnd 18 : [k3, k2tog] 끝까지 반복 — 16코

Rnd 20 : [k2, k2tog] 끝까지 반복 — 12코

Rnd 21 : [k1, k2tog] 끝까지 반복 — 8코

봉하기 전에 콩을 넣어 무게를 더한다. 사과 밑에서 위로 통과할 정도의 실을 남기고 자른다.

실을 태피스트리용 바늘에 꿰고 밑에서 넣고 위에서 잡아당겨 고리를 만들고, 다시 밑으로 넣고 당겨 사과 모양을 만든다. 사과 밑에 매듭지어 고정한다.

줄기

갈색 울 펠트를 길이 4cm, 넓이 1.5cm로 자른다. 긴 면을 반으로 접어 깁고 사과 위에 꿰맨다.

잎

녹색 펠트에서 나뭇잎 2장을 자른다. 진한 녹색 실로 잎의 중앙을 수놓는다. 줄기 아래쪽에 꿰맨다.

실제 크기 : 200% 확대

사과 잎(2)

바나나 모형 sewn banana

응용은 128쪽을 보세요.

재료

- 털실 : 코튼 플리스(Cotton Fleece, 면 80% 메리노 울 20%) 100g－196m 황금갈색 1타래
- 천 : 로버트 카프만 코나 코튼(Robert Kaufman Kona Cotton, 면 100%) 노란색으로 25cm
- 투사지
- 옷핀
- 바느질용 바늘
- 바느질용 실 노란색과 갈색
- 재봉틀(선택사항)
- 속재료
- 코바늘 4mm

완성품 크기 : 길이 21.5cm
넓이 4.5cm
높이 5cm

만드는 방법

바나나

도안을 모두 천에 그리고 자른다. 앞면을 맞대어 모서리를 핀으로 고정하고 바느질한다. 바나나 양쪽 끝을 먼저 핀으로 고정한 후, 바나나의 굽은 부분이 잘 맞도록 중간 부분을 고정하고 작업하면 편하다. 가장자리를 모두 꿰매면 봉합선 가장자리를 따라 실을 자르지 않게 조심하며 작은 "V"자 모양으로 자른다. 이렇게 하면 바나나를 뒤집었을 때 모서리의 봉합선이 한쪽으로 쏠리지 않고 부드럽게 다듬어진다. 속을 뒤집고 바닥의 틈에서부터 솜을 채운다.

바나나 끝

상단 : dc6 원형뜨기, 연결위해 빼뜨기, ch1, 다음 6코에 dc. 실을 잘라 매듭짓고 바나나 끝에 꿰맨다.

하단 : 원형뜨기로 dc6, 빼뜨기
Rnd 1 : ch1 [다음 코에 dc2] 5회 반복, 빼뜨고 뒤집는다
－ 12코
Rnds 2-4 : ch1, 다음 12코에 dc2, 빼뜨기
실을 잘라 매듭짓고 마무리한다. 바느질용 실로 바나나 끝을 꿰맨다.

실제 크기 : 480% 확대

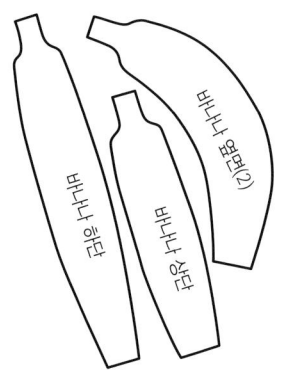

당근 크로셰crochet carrot

응용은 129쪽을 보세요.

재료

- 털실 : 소모사(울 85% 앙고라 15%) 100g—175m 주황색으로 1타래
- 울 펠트, 초록색
- 코바늘 5mm
- 속재료
- 태피스트리용 바늘
- 투사지
- 바느질용 바늘
- 자수용 실, 초록색

신축성 : 4½코—5단—2.5cm

완성품 크기 : 높이 16.5cm
넓이 4.5cm

실제 크기 : 120% 확대

만드는 방법

Ch6 뜨고, 둥글게 연결하기 위해 처음 dc에 빼뜨기, 이 도안은 앞쪽 고리만 dc한다.

Rnd 1 : 다음 ch6에 dc, 빼뜨기 — dc12

Rnd 2 : ch1, 각 코에 dc2, 빼뜨기 — dc12

Rnd 3 : [dc1, 다음 코에 dc2] 6회, 빼뜨기 — dc18

Rnd 4 : [dc2, 다음 코에 dc2] 6회, 빼뜨기 — dc24

Rnds 5-20 : ch1, 다음 24코에 dc, 빼뜨기

여기서부터 끝까지 솜을 채우기 시작한다.

Rnd 21 : 다음 11코에 dc, sk1, 다음 11코에 dc, sk1, 빼뜨기 — dc22

Rnd 22 : 다음 10코에 dc, sk1, 다음 10코에 dc, sk1, 빼뜨기 — dc20

Rnd 23 : 다음 9코에 dc, sk1, 다음 9코에 dc, sk1, 빼뜨기 — dc18

Rnd 24 : 다음 8코에 dc, sk1, 다음 8코에 dc, sk1, 빼뜨기 — dc16

Rnd 25 : 다음 7코에 dc, sk1, 다음 7코에 dc, sk1, 빼뜨기 — dc14

Rnd 26 : 다음 6코에 dc, sk1, 다음 6코에 dc, sk1, 빼뜨기 — dc12

Rnd 27 : 다음 5코에 dc, sk1, 다음 5코에 dc, sk1, 빼뜨기 — dc10

Rnd 28 : 다음 4코에 dc, sk1, 다음 4코에 dc, sk1, 빼뜨기 — dc8

Rnd 29 : 다음 3코에 dc, sk1, 다음 3코에 dc, sk1, 빼뜨기 — dc6

잎

녹색 펠트에서 잎 2장을 자르고 당근의 상단에 꿰맨다.

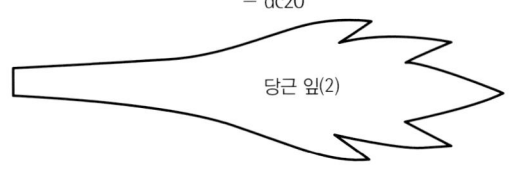

당근 잎(2)

콜리플라워 펠트_{needle felt cauliflower}

응용은 130쪽을 보세요.

재료

- 흰색 울 로빙, 15g
- 펠트용 바늘 38 사이즈
- 펠트용 폼 패드
- 진녹색 펠트

완성품 크기 : 지름 5cm
              높이 3cm

실제 크기 : 130% 확대

만드는 방법

흰색 로빙을 넉넉히 떼어 양쪽을 안으로 집어넣으면서 말아 5-6cm의 공 모양을 만든다. 끝을 잡고 단단하게 만든다. 펠트용 폼 패드 위에 놓고 검지와 엄지로 양쪽을 잡고 펠팅을 위한 준비를 한다. 공의 중앙부터 시작해 돌려가며 전체적으로 찌른다.

너무 단단하지 않게 형태가 잡힐 때까지 계속 펠팅한다. 콜리플라워 봉오리를 만들려면 작고 울퉁불퉁한 구를 니들펠트한다. 바늘을 봉오리 주변으로 둘러가며 같은 선에 계속 니들펠팅하여 들어간 선이 만들어지게 한다. 콜리플라워 봉오리 같은 형태를 갖출 때까지 계속 작업한다.

펠트에서 나뭇잎 3장을 잘라낸다. 콜리플라워를 거꾸로 뒤집고 바닥에 작은 잎을 먼저 놓고 더 큰 잎은 그 위에 놓는다. 콜리플라워의 하단 주위를 둘러 잎 3장을 니들펠트한 후 콜리플라워를 뒤집고 잎을 더 가까이 펠트한다. 잎을 살짝 접어 자연스럽게 만든다.

속잎

겉잎

컵케이크 니트knitted cupcake

응용은 131쪽을 보세요.

재료

- 털실: 소모사(울 100%)
  100g–224m
  (A) 진노랑
  (B) 흰색 1타래씩,
  스프링클 색상의 털실 소량
- 대바늘 4와 4.5mm
- 스티치 마커
- 말린 콩
- 속재료
- 태피스트리용 바늘
- 울 로빙, 빨간색
- 펠트용 바늘 38 사이즈
- 펠트용 폼 패드

신축성
(4.5mm) : 5코–7단–2.5cm,
(4.5mm) : 6코–8단–2.5cm
(살짝 늘려서)

완성품 크기 : 지름 6.5cm
높이 6cm

만드는 방법

하단

대바늘 4.5mm와 A로 CO 8코 뜨고 바늘 3개에 고루 나눈 후 둥글게 연결한다. 연결한 코 부분이 원의 끝이 된다.

Rnd 1 : k

Rnd 2 : 각 코에 k1f&b를 끝까지 – 16코

Rnds 3–5 : k

Rnd 6 : 2번째 단을 반복 – 32코

Rnds 7–16 : 대바늘을 4mm로 바꾸고 [k1, p1] 끝까지 반복

Rnd 17 : 대바늘 4.5mm와 B로 [k4, m1] 8회반복 – 40코

Rnds 18–19 : k

Rnd 20 : [k8, k2tog] 끝까지 반복 – 36코

Rnd 21 : [k7, k2tog] 끝까지 반복 – 32코

Rnd 22 : [k6, k2tog] 끝까지 반복 – 28코

Rnd 23 : [k5, k2tog] 끝까지 반복 – 24코

바닥에 콩을 넣어 무게를 더하고 솜을 채우기 시작한다.

Rnd 24 : [k4, k2tog] 끝까지 반복 – 20코

Rnd 25 : [k3, k2tog] 끝까지 반복 – 16코

Rnd 26 : [k2, k2tog] 끝까지 반복 – 12코

Rnd 27 : [k1, k2tog] 끝까지 반복 – 8코

실을 자르고 남은 8코에 실을 통과시켜 단단히 잡아당겨 매듭짓는다. 매듭지은 상단 쪽에 스프링클 색상의 실로 적당한 간격의 매듭을 만들고 흰색 아이싱 주위에 짧게 뜨고 스프링클을 장식한다. 빨간색 울 로빙을 니들펠트하여 체리를 만들어 아이싱 상단에 올리고 꿰맨다.

달걀 & 베이컨 모형 sewn eggs & bacon

응용은 132쪽을 보세요.

재료

- 털실 : 소모사(울 100%)
  100g−224m
  (A) 흰색
  (B) 노란색 1타래씩
- 빨간색과 흰색 펠트
- 카드보드지
- 옷핀
- 코바늘 4mm
- 패브릭 마커
- 바느질용 실, 흰색
- 바느질용 바늘
- 속재료

완성품 크기

(베이컨) : 길이 19cm
넓이 5cm
높이 1.25cm
(달걀) : 길이 10cm
넓이 6.5cm
높이 2cm

실제 크기 : 450% 확대

만드는 방법

베이컨

빨간색 펠트를 잘라 베이컨을 만든다. A를 사용해 사슬뜨기 하여 21.5cm의 기름띠를 두 장 만들어 펠트 베이컨에 기름 모양으로 고정한다. 중앙을 꿰매어 펠트에 부착한다.

안쪽을 함께 모아 펠트 천을 핀으로 고정하고 하단 가장자리는 열어 놓고 깁는다. 솜을 조금 채우고 바느질하여 봉한다. 같은 방법으로 베이컨 한 조각을 더 만든다.

계란

흰색 펠트를 잘라 계란 흰자를 만든다. B를 사용해 원형뜨기

로 dc6하고 연결위해 빼뜨기

Rnd 1 : ch1, 각 코를 둘러 dc2 − dc12

Rnd 2 : ch1 [dc1, 다음 코에 dc2] 5회 반복하고 빼뜨기 − dc18, 실을 잘라 매듭짓고 마무리한다.

노른자를 흰색 펠트에 핀으로 고정한 후 함께 꿰맨다. 흰색 펠트를 안쪽이 바깥을 향하게 핀으로 고정한 후 4cm 정도 남기고 꿰맨다. 솜을 조금 채우고 꿰매어 봉한다. 동일하게 작업하여 계란 프라이를 하나 더 만든다.

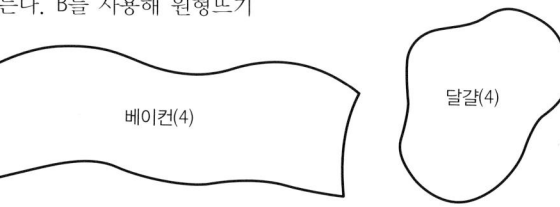

베이컨(4)

달걀(4)

스시 니트knitted sushi

응용은 133쪽을 보세요.

재료

■ 털실 : 소모사(울 100%)
100g-224m
(A) 검은색
(B) 흰색
(C) 주홍색 1타래씩,
세퍼드 쉐이드(shepherd's
Shades, 울 100%) 100g-120m
(D) 노란색 1타래
■ 울 펠트, 검은색
■ 대바늘 4.5mm, 6.5m
■ 속재료
■ 태피스트리용 바늘
■ 바느질용 실, 검은색

신축성 :
(대바늘 4.5mm) 5코-6단-2.5cm
(대바늘 6.5mm) 5코-6단-2.5cm

완성품 크기 :
(연어 롤) 지름 5cm
높이 4cm
(타마고니기리) 길이 9cm
넓이 5.5cm
높이 4cm

만드는 방법

연어 마끼 롤

4.5mm 대바늘과 C로 CO 6
코 뜨고, 대바늘 3개에 나눈
후 둥글게 연결한다. 이 코
를 사용해서 원형을 끝까지
유지한다.

Rnd 1 : k

Rnd 2 : 각 코에 끝까지 k1f
&b - 12코

Rnd 3 : k, B로 바꾼다.

Rnds 4-5 : k

Rnd 6 : 각 코에 끝까지 k1f
&b - 24코, A로 바꾼다.

Rnds 7-18 : k

Rnds 19-20 : B로 바꾸고 겉
뜨기

Rnd 21 : 끝까지 k2tog - 12코.
솜을 채우기 시작한다.

Rnd 22 : C로 바꾸고 겉뜨기

Rnd 23 : 끝까지 k2tog - 6코

Rnd 24 : k, 실을 자르고 6코를
통과시킨 후 매듭짓는다.

연어의 다른 쪽 끝이 튀어나
오면 실을 중앙에서 그 쪽 끝
으로 잡아당겨 작은 고리를
만들고 다시 반대쪽으로 잡
아당겨 매듭짓고 실 끝을 안
에 숨긴다.

타마고니기리

4.5mm 대바늘과 B로 CO 12
코, st st로 18cm 뜬다. BO하
고 반으로 접어 9×5cm 크기
의 사각형을 만든다. 가장자
리를 메리야스뜨기하고 솜을
채워 봉한다. 실 끝을 마무리
한다. 6.5mm 바늘과 D로 CO
8코, 7.5cm 가터뜨기. 실을
넉넉히 남기고 BO. 2.5cm 넓
이로 검은색 펠트를 잘라 연
어 롤 가운데 놓고 꿰맨다.

피자 크로셰crochet pizza

응용은 134쪽을 보세요.

재료

- 털실 : 소모사(울 100%)
  100g~224m
  (A) 연갈색
  (B) 붉은색 1타래씩
- 코바늘 4mm
- 태피스트리용 바늘
- 흰색과 녹색 펠트
- 연두색 자수용 실
- 바느질용 바늘
- 옷감용 풀

신축성 : 5코~6단~2.5cm

완성품 크기 :
크러스트 길이 18cm
피자 길이 19.5cm
높이 1.25cm

만드는 방법

피자도우
A로 ch 41코

R 1-7 : 코바늘로 두 번째 코에 dc, 각 코에 dc, ch1, 뒤집는다 – dc40

R 8-47 : dc2tog, 각 코에 dc, ch 1, 뒤집는다.

R 48 : dc2tog, 실을 잘라 매듭짓고 마무리한다.

레드소스
B로 ch 41코

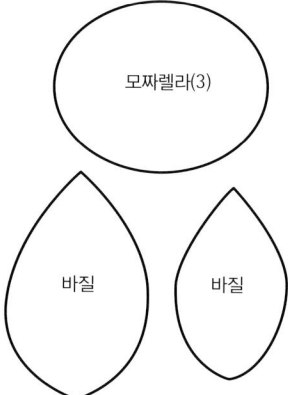

모짜렐라(3)

바질   바질

실제 크기 : 200% 확대

R1 : 두 번째 코에 dc, 각 코에 dc, ch1, 뒤집는다 – dc40

R2-40 : dc2tog, 각 코에 dc, ch1, 뒤집는다.

꿰맬 실을 넉넉히 남기고 잘라 매듭짓는다. 도우를 납작하게 놓고 위에 소스를 올린다.

토핑

흰색 모차렐라 치즈는 타원형으로 3조각, 바질 잎은 2장을 자른다. 바질 잎보다 조금 연한 색깔의 실로 잎맥을 수놓는다.

합치기

도우 위에 올라간 레드소스의 삼각형 주위를 시침질한다. 빨간색 실로 옆면 가장자리를 감친다. 도우 위쪽 부분을 레드소스 위로 접어 피자 크러스트를 만들고 황토색 실로 옆면과 크러스트를 따라 꿰매고 마무리한다. 레드소스 위에 옷감용 풀로 모짜렐라와 바질 잎을 붙인다.

도넛 크로셰 crochet doughnut

응용은 135쪽을 보세요.

재료

- 털실 : 세퍼드 쉐이드
  (Shepherd's Shades,
  울 100%) 100g-120m
  (A) 진갈색
  (B) 연분홍 1타래씩
- 코바늘 6mm
- 태피스트리용 바늘
- 스프링클 용으로 흰색과
  분홍색 털실
- 속재료

신축성 : 4코-4½단-2.5cm

완성품 크기 : 지름 9.5cm
높이 4cm

만드는 방법

A로 ch21, 첫 번째 dc에 연결위해 빼뜨기, ch1

Rnd 1 : 코바늘로 2번째에서 시작해 다음 ch 20코에 dc, 첫 번째 dc에 연결위해 빼뜨기한다.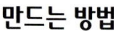

Rnd 2 : ch1 [다음 코에 dc, 다음 코에 dc2] 10회, 첫 번째 dc에 연결위해 빼뜨기 – dc30

Rnd 3 : ch1 [다음 2코에 dc, 다음 코에 dc2] 10회, 첫 번째 dc에 연결위해 빼뜨기 – dc40

Rnds 4-8 : ch1, 다음 40코에 dc, 첫 번째 dc에 연결위해 빼뜨기한다.

Rnd 9 : ch1, 다음 40코에 dc, 첫 번째 dc에 연결위해 빼뜨기, A를 자르고 B를 연결한다.

Rnds 10-13 : ch1, 다음 40코에

dc, 첫 번째 dc에 연결위해 빼뜨기한다.

Rnd 14 : ch1 [다음 2코에 dc, dc2tog] 10회, 첫 번째 dc에 연결위해 빼뜨기 – dc30

Rnd 15 : ch1 [다음 코에 dc, dc2tog] 10회, 첫 번째 dc에 연결위해 빼뜨기 – dc20

꿰맬 실을 넉넉히 남기고 자른다. 태피스트리용 바늘로 연분홍 아이싱 위에 색실로 스프링클을 장식하고 마무리한다. 가장자리를 꿰매 도넛처럼 만들고 솜을 채워 봉한다.

응용

애플 니트

기본 디자인은 *111*쪽을 보세요.

오렌지 펠트(사진)

주황색 펠트로 48쪽의 "동글동글 바늘꽂이"도안을 따라 만든다. 사과꼭지와 잎
도안을 잘라 만들어 오렌지에 꿰맨다.

배 니트

녹색 털실로 사과 도안을 따라 15번째 단까지 만든다. 단 4개를 동일하게 만들
고 다시 16-21번째 단 만드는 방법을 따른다. 꼭지와 나뭇잎을 만들어 배에 꿰
맨다.

복숭아 펠트

연한 색과 진한 색이 섞인 분홍색 털실을 사용해 48쪽의 "동글동글 바늘꽂이"도
안을 따라 만든다. 한 줄로 니들펠트하여 세로 주름 하나를 만들고 바닥은 둥글
게 좁아지게 만든다. 꼭지와 잎을 잘라 복숭아에 꿰맨다.

사과 향 펠트

사과 향이 나는 작은 주머니를 솜을 채우면서 사과 가운데 넣는다.

토마토 니트

사과 도안을 사용해 토마토를 만든다. 녹색 펠트에서 2.5cm의 얇은 잎 5장을 잘
라 줄기 주위에 붙인다(줄기도 녹색 펠트 사용).

응용

바나나 모형

기본 디자인은 112쪽을 보세요.

껍질 벗긴 바나나

바나나 도안을 전체적으로 1.25cm 정도 축소하고 상단과 하단 끝을 둥글게 한다. 크림색 천으로 바나나를 만들어 꿰매고 솜을 채워 봉한다. 노란색 천을 사용해 바나나 도안을 각각 2장씩 잘라 껍질을 만든다. 노란색 천 2장을 모아 꿰매고, 만들어진 2개의 바나나 껍질을 중간까지 꿰매고 바나나를 끼워 넣는다.

바나나 스플릿

바나나 속을 만들기 위해 바나나 상단과 하단을 둥글게 만들어 각각 2장씩 잘라 바느질하고 솜을 채워 바나나 스플릿을 만든다. 87쪽의 "문어 크로셰" 도안을 따라 초콜릿, 딸기, 바닐라 아이스크림 3스쿠프를 코바늘뜨기한다. 갈색 펠트에서 방울 모양으로 초콜릿 시럽을 자르고 빨간 체리를 니들펠트하여 올린다.

바나나 파우치

주머니를 만들려면 한쪽 면을 꿰매기 전에 지퍼를 단다. 펠트에서 4cm 크기의 원숭이 도안을 잘라 원숭이 얼굴 모양을 수놓는다. 주머니 안에 원숭이를 넣는다.

바나나 묶음

바나나 5개를 만들고 상단마다 강력자석을 집어넣는다. 그러면 상단이 서로 붙어 묶음을 이룬다. 바나나들이 한 방향으로 붙도록 자석을 집어넣는다.

알파벳 벽보

바나나의 굽은 면을 활용해 알파벳 B의 굽은 부분을 만든다. A는 사과를 사용하고 C는 당근을 활용한다.

당근 크로셰

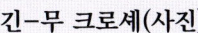

기본 디자인은 115쪽을 보세요.

긴-무 크로셰(사진)

흰색 실로 당근 도안을 따라 무를 만든다. 펠트에서 나뭇잎을 잘라 무 상단에 꿰맨다.

무 펠트

빨간색 울 로빙으로 48쪽의 "동글동글 바늘꽂이" 도안을 따라 지름 5cm짜리 무를 펠트한다. 한쪽 끝을 뾰족하게 만들고 끝에 흰색 울을 덮고 펠트한다. 7.5cm 길이 흰색 털실을 잘라 무의 뾰족한 부분에 니들펠트하여 무 뿌리를 만든다. 당근 잎 도안으로 무 줄기와 잎사귀를 만든다.

순무 크로셰

당근 도안을 따라 만들되 7-20단은 생략한다. 보라색 실로 작업을 시작해 중간쯤 흰색 실로 바꾸어 작업한다. 펠트로 잎을 만들어 순무 위에 꿰맨다.

당근 & 토끼

67쪽의 토끼한테 당근을 주자. 당근의 넓이와 길이를 반으로 축소하고 잎도 50% 축소한 후 펠트에서 잘라 당근에 꿰맨다.

작은 당근 펠트

주황색 울 로빙으로 5cm 크기의 작은 당근을 만든다. 울을 원하는 크기보다 조금 더 큰 튜브 형태로 말고 전체적으로 니들펠트하며 상단과 하단을 둥글게 만든다. 한쪽을 좁아지게 하여 다른 쪽보다 작게 만든다. 작은 당근을 니들펠트하여 여럿 만든다.

콜리플라워 펠트

기본 디자인은 *116쪽*을 보세요.

브로콜리 펠트

진녹색 울을 사용해 콜리플라워 도안을 따라 만든다. 비슷한 색상의 실로 브로콜리 주위에 프랑스식 매듭*을 여기저기 만든다. 연녹색 울을 2.5cm 길이의 관으로 말아 줄기에 펠트하고 브로콜리 머리 하단에 연결한다.

커다란 콜리플라워

실제 크기의 콜리플라워를 만들기 위해 모든 재료의 양과 도안을 4배 늘린다.

미니 양배추

밝은 녹색 울 로빙을 사용해 콜리플라워 도안과 동일한 크기의 공을 만들어 실제 크기의 싹양배추(brussel sprouts)를 만든다. 싹양배추를 여러 개 함께 만든다.

보라색 브로콜리

니들펠트하여 이색적인 보라색 브로콜리 싹을 만들어보자. 울 로빙과 동일한 색상의 보라색 실을 사용하여 브로콜리 위에 프랑스식 매듭을 여기저기 만든다.

부케

작은 콜리플라워 봉오리를 8-10개 만들고 하단에 철사를 꽂아 꽃다발을 만들자. 철사는 진녹색 펠트로 감고 옷감용 풀로 고정시킨다.

*프랑스식 매듭 : 바늘에 2번 이상 실을 감아 원래 구멍에 다시 꿰는 매듭

컵케이크 니트

기본 디자인은 *119쪽*을 보세요.

치즈 컵케이크

컵케이크 도안을 따라 골 있는 부분까지 만든 후 BO. 컵케이크 윗부분과 동일한 지름의 원을 노란색 펠트 천으로 잘라 컵케이크 위에 올리고 솜을 채워 꿰맨다. 빨간 체리 3개를 니들펠트하고 치즈 케이크 위에 꿰맨다.

블루베리 머핀

연갈색 털실을 사용해 컵케이크 도안을 따라 만든다. 진청색 펠트에서 0.5cm 크기의 원을 잘라 머핀 주위에 블루베리처럼 장식한다. 설탕 모양을 위해 몇 군데 꿰맨다.

크림 퍼프

상아색과 흰색 울 로빙을 사용해 크림 퍼프를 니들펠트한다. 공 모양을 만들고 상단을 뾰족하게 만든다. 중간을 흰색 울 로빙으로 감고 니들펠트하여 크림처럼 만든다. 퍼프 상단을 흰색 실로 작은 매듭을 짓고 둘러 설탕을 입힌다.

키위 타르트

털실과 펠트로 치즈 케이크를 만들고 4cm의 녹색 키위 조각을 펠트에서 자른다. 검은 실로 키위 씨를 수놓는다. 케이크 위에 올리고 함께 니들펠트한다.

초코 케이크

상단과 하단에 사용할 지름 15cm 원 2장, 옆면에 사용할 10×50cm 1장을 갈색 펠트에서 자른다. 케이크 상단 가장자리를 장식하기 위해 니들펠트한다. 분홍색 펠트에서 4cm 크기의 꽃잎을 자른다. 꽃 한 송이에 꽃잎 8장을 사용하여 꽃 3송 이를 만든다. 5cm 크기의 녹색 잎을 만들어 꽃과 함께 케이크에 꿰맨다.

응용

달걀 & 베이컨 모형

기본 디자인은 *120*쪽을 보세요.

토스트

상아색 펠트로 15cm 정사각형 4장을 만들고 모서리를 다듬어 식빵 모양을 만든다. 노란색 펠트에서 5cm 정사각형을 2장 잘라 버터 조각을 만든다. 식빵의 한쪽 면에 버터를 1개씩 꿰매고 속을 채워 토스트를 2장 만든다.

소시지 펠트

너무 진하지 않은 갈색 펠트를 사용해 1×10cm 길이의 끝이 둥근 줄줄이 소시지 4개를 만든다. 펠트 2장을 함께 꿰매 속을 채워 줄줄이 소시지 2개를 만든다.

오렌지주스 니트

주황색 털실로 119쪽의 도안을 따라 1-6단을 만든다. 10cm 뜨고 흰색으로 바꾸어 2.5cm 뜬다. 다음 단은 끝까지 k2tog한다. 3단을 뜨고 다음 단은 끝까지 k2tog한다. 1단 더 뜨고 BO한 다음, 말린 콩을 넣고 솜을 채워 봉한다.

플레이트 크로셰

ch 2코 뜬다. Rnd 1 : 두 번째 ch에 dc 6코, 연결위해 빼뜨기. Rnd 2 : ch1, 모든 코에 dc 2코, 연결위해 빼뜨기 - 12코. Rnd 3 : ch1 [다음 코에 dc, 다음 코에 dc2] 둘러 작업하고 sl st - 18코. Rnd 4 : ch1 [다음 2코에 dc, 다음 코에 dc2] 둘러 작업하고 sl st - 24코. 각 단마다, 다음 3코에 dc한 후 다음 코에 dc2, 다음 4코에 dc한 후 다음 코에 dc2, 다음 5코에 dc한 후 다음 코에 dc2. 각 단을 6코씩 늘려 원을 만든다. 지름 30cm가 될 때까지 계속한다.

포크 & 나이프

회색 펠트에서 4×18cm 2장을 잘라 버터나이프를 만든다. 끝은 둥글게 만들고 가로선을 수놓는다. 다시 5×18cm 2장을 잘라 포크를 만든다. 손잡이 부분은 4cm 정도로 좁아지게 만든다. 꿰매고 솜을 채워 포크와 나이프를 만든다.

스시 니트

기본 디자인은 123쪽을 보세요.

캘리포니아 롤
연녹색 털실을 사용해 오이 마끼를 만든다. 누드 캘리포니아 롤을 만들려면 연어 롤 도안을 따르되 끝까지 흰색 털실만 사용한다. 분홍색, 연녹색, 녹색, 노란색 펠트에서 1.25cm 정사각형을 각 2장씩 자른다. 정사각형으로 배열하여 롤의 상단과 하단 중앙에 꿰맨다. 롤 외부에 검은색 실로 작은 깨를 수놓는다.

연어 니기리 스시(사진)
타마고 도안을 따르되 분홍색 털실을 사용해 연어 니기리를 만든다. 연어에 흰색 실로 세로 선을 수놓는다. 타마고 도안을 따라 진분홍 털실로 참치 회를 떠서 참치 니기리를 만든다.

테마키 스시
검은색 펠트로 15cm 정사각형을 만든다. 한쪽 모서리가 위를 향하게 하여 원뿔 모양으로 만든다. 고정하기 위해 가장자리를 따라 꿰맨다. 펠트에서 오이, 아보카도, 당근, 타마고를 2장씩 자른다. 2장씩 자른 펠트를 함께 꿰매고 김 마끼 안에 넣고 검은 실로 꿰매어 고정한다.

젓가락 펠트
펠트에서 1.25×25cm 조각 4장을 자른다. 2장을 겹에서 함께 탑 스티치하여 젓가락 한 쌍을 만든다. 철사를 넣고 끝을 감은 후 봉한다.

생강 & 와사비
녹색 털실로 ch10를 떠서 작은 와사비 덩어리를 만든다. 뒤집고 2번째 코에서 시작해 각 코에 dc2 뜬다. 구불구불한 녹색 와사비가 만들어진다. 생강을 만들려면 분홍 펠트에서 4cm 타원을 자른다. 5개 이상을 쌓고 함께 모아 몇 군데 꿰매 고정한다.

응용

피자 크로셰

기본 디자인은 *124*쪽을 보세요.

피자 한 판

피자 8조각을 코바늘뜨기하여 피자 한 판을 만든다. 빳빳한 흰색 펠트로 넓이 46cm, 높이 5cm의 피자 박스를 만든다. 모서리를 수놓는다. 빨간색 펠트로 "pizza"라는 글자를 만들어 윗면에 붙인다.

펠트 토핑

페퍼로니를 만들기 위해 빨간색 펠트에서 지름 5cm 원을 잘라 피자 위에 붙인다. 아이보리 색 펠트에서 지름 5cm 버섯을 잘라 피자에 붙인다. 분홍색 펠트에서 모차렐라 도안대로 잘라 햄을 만들고 노란색 펠트에서 삼각 모양을 잘라 하와이안 피자 위에 올릴 파인애플을 만든다.

치즈

피자도우와 레드소스 도안을 따라 연노랑 털실로 삼각 모양의 치즈를 만든다. 검은색 펠트에서 크기가 다른 원을 몇 개 잘라 치즈에 구멍을 만든다. 그리고 99쪽에서 만든 쥐에게 던져 주자.

키라임 파이(key lime pie)

피자도우 도안을 따라 파이 크러스트를 만들고 연녹색 털실로 레드소스 도안을 따라 파이 필링을 만든다. 5×40cm 연녹색 사각형으로 파이 옆면을 만든다. 파이 크러스트를 위로 돌리고 녹색 삼각형 윗면과 옆면을 함께 꿰매 솜을 채우고 봉한다. 흰색 휘핑크림을 니들펠트하여 조금 위에 올리고 꿰맨다. 회녹색 펠트에서 지름 5cm 원을 잘라 라임조각을 만든다. 원 주위에 진녹색 실을 수놓아 라임껍질을 장식하고 흰색 실로 라임무늬를 만든다.

응용

도넛 크로셰

기본 디자인은 126쪽을 보세요.

도넛 파우더
도넛 도안을 따르되 흰색 털실을 사용한다. 슈가 파우더 느낌을 내기 위해 흰색
실로 도넛 전체에 작게 수놓는다.

초콜릿 롱 존 도넛
상아색 펠트로 7.5×18cm짜리 바닥용 1장, 갈색 펠트로 윗면용 1장을 만든다.
함께 꿰매고 솜을 채워 초콜릿 롱 도넛을 만든다.

브라우니
털실로 10×7.5cm 사각형 2장, 4×35.5cm 1장을 대바늘뜨기한다. 함께 꿰매 브
라우니를 만든다. 연갈색 실과 바늘로 윗면을 캐러멜처럼 장식한다.

초코 칩 쿠키
상아색 펠트로 지름 7.5cm 원을 2개 만든다. 진갈색 펠트로 1.25cm 원을 잘라
초코칩을 만든다. 초코칩을 상아색 원에 펠트하여 붙인다. 상아색 원 2장을 꿰매
고 솜을 채우고 초코칩 쿠키를 만든다. 이런 쿠키를 몇 개 더 만들자.

마카롱
분홍색 울 로빙으로 지름 6cm, 높이 4cm 마카롱을 니들펠트한다. 흰색 울을 가
운데 둘러 필링처럼 만든다. 녹색, 갈색, 노란색, 연보라색, 파란색으로 마카롱
을 만든다.

양귀비씨 베이글(사진)
베이지색 털실을 사용해 도넛 도안을 따라 뜬다. 도넛 전체에 검은 실로 작게 수
놓아 양귀비씨 모양을 낸다.

인형

인형은 우리에게 친구가 되기도 하고
위로가 되기도 한다.
어린 시절 꿈꾸던 발레리나를 만들 수도 있고,
깊고 푸른 바다를 가르는 해적을 만들 수도 있다.
인형은 우리를 상상의 세계로 데려갈 것이다.

페이스 펠트felt face

응용은 151쪽을 보세요.

재료

- 펠트 : 진갈색, 흰색, 연청색, 검은색, 붉은색, 갈색, 주황색
- 풀 먹인 펠트, 진갈색
- 투사지
- 옷핀
- 바느질용 실, 진갈색과 어울리는 색
- 바느질용 바늘
- 재봉틀(선택사항)
- 옷감용 풀

완성품 크기 : 높이 23.5cm
넓이 18.5cm

만드는 방법

아래 나오는 색상의 펠트에 도안을 따라 그리고 자른다.

진갈색 : 머리(2), 풀 먹인 펠트(1), 코(1)

흰색 : 여자 눈(2), 남자 눈(2)

연청색 : 여자 눈동자(2), 남자 눈동자(2)

검은색 : 남녀 동공(4), 입(1)

붉은색 : 여자 입(1)

갈색 : 수염(1), 남자 머리카락(1)

주황색 : 여자 머리카락(1)

주머니

진갈색 펠트에서 12×18cm 주머니를 잘라 머리 가운데 올린다. 가장자리에서 0.5cm되는 곳에 탑 스티치, 위쪽 가장자리를 12cm 남긴다.

머리

진갈색 머리 천 조각을 겉에 포개어 놓고 그 사이에 빳빳한 펠트를 넣는다. 모서리에서 0.5cm 떨어진 곳을 탑 스티치, 재봉틀이 없다면 손으로 꿰매거나 옷감용 풀로 붙인다.

눈

동그란 남자 눈과 아몬드 모양의 여자 눈은 옷감용 풀로 붙이고 눈동자와 동공을 각각 붙인다. 뒷주머니에 천 조각을 모두 집어넣고 머리를 다듬어 모양을 잡는다. 이 작품은 아이들이 사람의 얼굴에 대해 배울 수 있게 해줄 것이다.

실제 크기 : 900% 확대

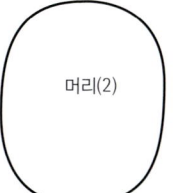

머리(2)

발레리나 sewn ballerina

응용은 152쪽을 보세요.

재료

- 천 : 로버트 카프만 코나 코튼(면 100%) 몸통 25cm, 클라우드9 패브릭(Cloud9 Fabrics, 유기농 면 100%) 점무늬 하늘색으로 25cm
- 투사지
- 옷핀
- 초크
- 바느질용 실. 천과 어울리는 색
- 바느질용 바늘
- 재봉틀(선택사항)
- 자수용 실. 검은색, 분홍색, 크림색, 파란색
- 속재료

완성품 크기 : 길이 19.5cm
            넓이 5cm
            높이 29cm

실제 크기 : 430% 확대

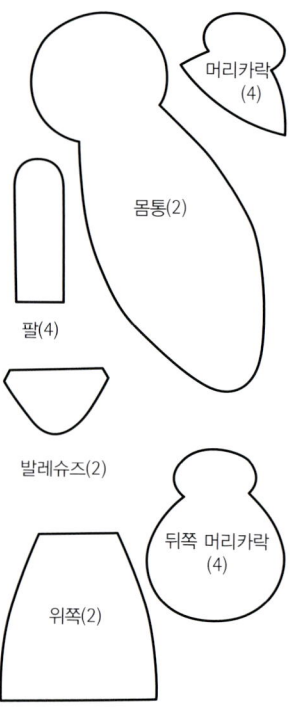

머리카락(4)

몸통(2)

팔(4)

발레슈즈(2)

뒤쪽 머리카락(4)

위쪽(2)

만드는 방법

몸통

발레리나 도안을 따라 그리고 자른다. 점무늬 드레스 상단과 하단을 1cm 정도 뒤쪽으로 접고 누른다. 몸에 대고 핀으로 고정한다. 상-하단의 0.5cm 안쪽을 탑 스티치한다. 머리카락을 머리의 오른쪽 앞과 뒤에 놓고 핀으로 고정한 후 뒤쪽 머리 하단을 머리카락과 조금 꿰매고 앞쪽의 앞머리 부분을 따라 꿰맨다. 상단을 1cm가량 뒤쪽으로 접어 누른다. 발레 슈즈를 발에 대고 핀으로 고정한다. 가장자리에서 0.5cm 위쪽에 탑 스티치한다.

검은색과 분홍색 실을 두 겹씩 바늘에 꿰고 눈과 입을 수놓는다. 크림색 자수용 실로 다리 선을 박음질한다. 진청색으로 발레슈즈의 리본무늬를 수놓는다. 팔은 옆면을 따라 꿰맨다. 속을 뒤집고 살짝 솜을 채운다.

발레리나의 겉면을 위로 향하게 놓고 팔은 아래쪽으로 살짝 내린다. 발레리나의 앞부분을 서로 맞대고 핀으로 고정한다. 스커트 아래 다리 부분에 7.5cm 정도를 남기고 재봉틀이나 손으로 꿰맨다. 속을 뒤집고 솜을 채우고 공그르기로 봉한다. 진청색 자수용 실로 머리카락 아래쪽을 묶어 매듭 짓고 머리 뒤로 숨긴다.

발레튀튀스커트

점무늬 천을 9.5×60cm로 잘라 튀튀스커트를 만든다. 상단 60cm의 가장자리를 0.5cm만큼 뒤로 접어 누른다. 하단 60cm의 가장자리를 0.5cm만큼 뒤로 접어 누른다. 가장자리를 다시 1cm 뒤로 접어 누른다. 스커트의 겉면을 위로 놓고 하단의 두 번 접은 솔기부분을 흰색 실로 바느질한다. 주름을 만들려면 흰색 실을 사용해 상단 가장자리에서 0.5cm 떨어진 곳에 시침질한다. 실을 조심스레 잡아 당겨 천에 주름을 잡는다. 허리 주위를 감싸도록 놓고 핀으로 고정하여 뒤에서 꿰맨다. 스커트가 넓게 펼쳐지도록 인형 양쪽을 눌러 스커트를 위로 올리고 고정하여 봉합선 위로 허리와 스커트 주위에 홈질한다.

해적 크로셰crochet pirate

응용은 153쪽을 보세요.

재료

- 털실 : 소모사(울 100%)
  100g−224m
  (A) 검은색
  (B) 흰색
  (C) 붉은색 1타래
  (D) 양모(울 100%)
  100g−100m
  회황색으로 1타래
  (E) 코튼 플리스
  (면 80% 메리노 울 20%)
  100g−196m
  황금갈색으로 1타래
- 코바늘 4mm
- 속재료
- 검은색 울 펠트
- 자수용 실, 검은색과 연갈색
- 태피스트리용 바늘

신축성 : 5코−6단−2.5cm

완성품 크기 : 길이 10cm
　　　　　　　넓이 5.5cm
　　　　　　　높이 23cm

만드는 방법

몸통

A로 ch2, 두 번째 ch에 dc6, 연결위해 첫 코에 빼뜨기

Rnd 1 : ch1 [다음 코에 dc2] 6회, 연결위해 첫 코에 빼뜨기 − dc12

Rnd 2 : ch1 [dc1, 다음 코에 dc2] 6회, 연결위해 첫 코에 빼뜨기 − dc18

Rnd 3 : ch1 [dc2, 다음 코에 dc2] 6회, 연결위해 첫 코에 빼뜨기 − dc24

Rnd 4 : ch1 [dc 3, 다음 코에 dc2] 6회, 연결위해 첫 코에 빼뜨기 − dc30

Rnd 5−9 : ch1, 다음 30코에 dc, 연결위해 첫 코에 빼뜨기

Rnd 10 : Rnd 9 반복, B와 연결 A 자르기

Rnd 11 : ch1, 다음 30코에 dc, 연결위해 첫 코에 빼뜨기

Rnd 12 : Rnd 11 반복, C와 연결 B 자르기

Rnd 13 : ch1, 다음 30코에 dc, 연결위해 첫 코에 빼뜨기

Rnd 25까지 흰색과 붉은색 실을 바꿔가며 두 줄씩 끝까지 뜬다.

Rnds 14−22 : ch1, 다음 30코에 dc, 연결위해 첫 코에 빼뜨기

Rnd 23 : ch1 [dc3, dc2tog] 6회, 연결위해 첫 코에 빼뜨기 − dc24,

솜을 채운다.

Rnd 24 : ch1 [dc2, dc2tog] 6회, 연결위해 첫 코에 빼뜨기 − dc18

Rnd 25 : ch1 [dc1, dc2tog] 6회, 연결위해 첫 코에 빼뜨기. C 매듭짓고 D 연결 − dc12

Rnds 26 : ch1, 다음 12코에 dc, 연결위해 첫 코에 빼뜨기

Rnd 27 : ch1 [dc1, 다음 코에 dc2] 6회, 연결위해 첫 코에 빼뜨기 − dc18

Rnd 28 : ch1 [dc2, 다음 코에 dc2] 6회, 연결위해 첫 코에 빼뜨기 − dc24

Rnd 29 : ch1 [dc3, 다음 코에 dc2] 6회, 연결위해 첫 코에 빼뜨기 − dc30

Rnds 30−34 : ch1, 다음 30코에 dc, 연결위해 첫 코에 빼뜨기, D 매듭짓고 C 연결

Rnd 35 : ch1 [dc3, dc2tog] 6회, 연결위해 첫 코에 빼뜨기 − dc24

Rnd 36 : ch1 [dc2, dc2tog] 6회, 연결위해 첫 코에 빼뜨기 − dc18
눈을 꿰매고 1.25cm 정사각형으로 안대를 만들고 수염과 입을 수 놓는다. 빨간색 실로 ch 15코 뜨고 두건 오른쪽에 묶는다.

Rnd 37 : ch1 [dc1, dc2tog] 6회, 연결위해 첫 코에 빼뜨기 − dc12

Rnd 38 : ch1, 다음 12코에 dc2tog, 연결위해 첫 코에 빼뜨기 − dc6

Rnd 39 : R 38 반복 – dc3. 실을 자르고 매듭짓는다.

팔

D로 ch2, 2번째 ch에 dc6, 연결위해 첫 코에 빼뜨기

Rnd 1 : ch1 [dc1, 다음 코에 dc2] 3회, 연결위해 첫 코에 빼뜨기 – dc9

Rnd 2 : ch1 [dc2, 다음 코에 dc2] 3회, 연결위해 첫 코에 빼뜨기 – dc12

Rnd 3 : ch1, 다음 12코에 dc, 연결위해 첫 코에 빼뜨기

Rnd 4 : Rnd 3 반복, D 매듭짓고 C 연결

Rnd 5 : ch1, 다음 12코에 dc, 연결위해 첫 코에 빼뜨기

Rnd 6 : Rnd 5 반복, C 매듭짓고 B 연결

Rnd 7 : Rnd 5 반복

R16까지 흰색 실과 붉은색 실을 두 줄마다 바꿔가며 뜬다.

Rnds 8~16 : ch1, 다음 12코에 dc, 연결위해 첫 코에 빼뜨기, 꿰맬 실을 남기고 잘라 솜을 채운다. 어깨에 팔을 납작하게 꿰맨다.

다리

A로 ch2, 2번째 ch에 dc6, 연결위해 첫 코에 빼뜨기

Rnd 1 : ch1 [dc1, 다음 코에 dc2] 3회, 연결위해 첫 코에 빼뜨기 – dc9

Rnd 2 : ch1 [dc2, 다음 코에 dc2] 3회, 연결위해 첫 코에 빼뜨기 – dc12

다음 12코에 dc하여 9cm를 만든다. 꿰맬 실을 남기고 자른다. 솜을 채우고 E를 사용해 의족을 4cm로 만든다. 연갈색 실로 의족에 나무무늬를 뜬다. A로 바꾸고 9.5cm 뜬다. 상단 가장자리를 납작하게 만들어 감치고 마무리한다.

로봇 만들기 sewn robot

응용은 154쪽을 보세요.

재료

- 천 : 로버트 카프만 코나
  코튼(면 100%)
  연회색으로 25cm
- 붉은색 울 펠트, 4cm
  사각형
- 자
- 초크
- 바느질용 바늘
- 노란색, 검은색 자수용 실
- 옷핀
- 회색 바느질용 실
- 솜
- 검은 플라스틱 눈
  2×1.25cm
- 옷감용 풀
- 포인트 터너

완성품 크기 : 길이 28cm
넓이 4cm
높이 30cm

만드는 방법

자와 초크로 천에 도안을 그려 12cm 정사각형 머리 2장, 15cm 몸통 2장, 6×9.5cm 길이 팔과 다리 8장을 만든다. 빨간 펠트를 접어 넓이와 높이가 4cm 정도 되는 하트 모양을 만든다. 사진을 참고하여 노란색 자수용 실로 팔 가장자리에서 3cm되는 곳에 박음질하고 다시 4cm되는 곳에 사슬뜨기한다. 양쪽 팔에 동일하게 작업한다.

뒷면이 앞을 향하게 팔 2개를 핀으로 고정하고 안쪽 솔기에서 0.5cm되는 곳에 6cm 길이의 가장자리는 남기고 팔 3면을 꿰맨다. 다른 쪽 팔과 다리도 동일하게 작업한다. 속을 뒤집고 포인트 터너로 모서리를 밀어낸다. 솜을 가볍게 채운다.

머리는 안쪽 솔기에서 0.5cm되는 곳을 핀으로 고정한 후 꿰매고 속을 뒤집는다. 눈을 표시하기 위해 머리 위쪽에서 6cm 아래, 양쪽 가장자리에서 2.5~3cm 안쪽에 옷감용 초크로 선을 그린다. 눈을 붙인다. 입은 하단 가장자리에서 5cm 위, 양쪽에서 5cm 안쪽에 초크로 그리고 검은 자수용 실로 웃는 입 모양을 수놓는다. 머리에 솜을 채운다.

몸 안에 솜을 넣고 겉면을 밖으로 뒤집는다. 머리를 얼굴이 아래로 오게 몸통 위에 놓고 꿰매지 않은 가장자리와 몸의 상단을 맞춘다. 머리 양쪽에서 1.25cm 떨어진 가운데 놓는다. 핀으로 고정하고 다른 몸통을 위에 놓고 모두 함께 핀으로 고정한 후 시접을 0.5cm 두고 꿰맨다.

몸 안쪽에 오른팔을 놓는다. 머리 옆으로 몸통의 상단 모서리 가장자리를 따라 자수용 실로 팔을 꿰맨다. 몸통의 오른쪽을 따라 안쪽 솔기를 0.5cm 두고 핀으로 고정하고 꿰맨다. 몸 안쪽 하단 모서리에 다리를 놓는다. 왼쪽 다리를 왼쪽 모서리에서 0.5cm 안쪽에 핀으로 고정한다. 안쪽 솔기를 0.5cm 남기고 하단 가장자리를 꿰맨다. 왼쪽 팔은 머리 옆 상단 왼쪽 모서리에 안쪽 솔기를 0.5cm 두고 꿰맨다. 몸통 왼쪽에 6cm는 열어둔다. 속을 뒤집고 솜을 채운 후 메리야스뜨기로 봉한다. 옷감용 풀을 사용해 하트 모양을 우측 모서리 상단에 붙인다.

재료

■ 털실 : 소모사(울 100%)
  100g—224m
  (A) 초록색
  (B) 회황색 1타래씩
  라이온 코튼 뱀부
  (Lion Cotton Bamboo, 면 52%
  뱀부 48%) 100g—224m
  (C) 연주홍색으로 1타래
  세퍼드 쉐이드(Brown Sheep
  Shepherd's Shades, 울 100%)
  100g—120m
  (D) 적갈색으로 1타래
■ 대바늘 4mm와 4.5mm
■ 스티치 마커
■ 태피스트리용 바늘
■ 코바늘 4mm
■ 속재료
■ 검은색과 분홍색의
  자수용 실
■ 펠트용 바늘 38 사이즈
■ 옷감용 풀

신축성 : 6코—7½단—2.5cm

완성품 크기 : 길이 25cm
　　　　　　　넓이 3cm
　　　　　　　높이 19cm

인어 니트knitted mermaid

응용은 155쪽을 보세요.

만드는 방법

몸통

4mm 대바늘과 A로 CO 8코, 대바늘 3개에 나누고 원형으로 연결한다. 이 코를 원형의 끝으로 삼는다.

Rnd 1부터 11단까지의 모든 홀수 단 : k

Rnd 2 : k4, m1, k4, m1 – 10코

Rnd 4 : k5, m1, k5, m1 – 12코

Rnd 6 : k6, m1, k6, m1 – 14코

Rnd 8 : k7, m1, k7, m1 – 16코

Rnd 10 : k8, m1, k8, m1 – 18코

Rnd 12 : k9, m1, k9, m1 – 20코

Rnds 13–24 : k

Rnds 25–26 : p

B로 바꾼다.

Rnds 27–39 : k

솜을 채우기 시작한다.

Rnd 40 : [k2, k2tog] 5회 – 15코

Rnd 41부터 45단까지의 모든 홀수 단 : k

Rnd 42 : [k1, k2tog] 5회 – 10코

Rnd 44 : [k2, m1] 5회 – 15코

Rnd 46 : [k3, m1] 5회 – 20코

Rnds 47–52 : k

Rnd 53 : [k2, k2tog] 5회 – 15코

Rnd 54 : [k1, k2tog] 5회 – 10코

Rnd 55 : 끝까지 k2tog – 5코

실을 5코 사이로 통과시켜 자르고 마무리한다.

지느러미

코바늘과 A로 ch10, 두 번째 코에서 시작한다.

Rnd 1 : 코바늘로 두 번째 ch에서 시작, 다음 9코에 dc, ch1, 돌린다.

Rnd 2 : 코바늘로 두 번째 코에서 시작, dc2 [ch2, htr1] 3회, dc3, 빼뜨기하고 실을 잘라 매듭짓는다.

팔

4mm 대바늘과 B로 CO6, 7.5cm 정도 코드 자수로 대바늘뜨기한다. 꿰맬 실을 남기고 자른다. 다른 쪽 팔 하나를 더 만들어 어깨에 꿰맨다. 실 끝을 마무리한다.

쉘

4mm 대바늘과 C로 CO 5코 뜨고 4.5cm 길이로 뜬다. 털실로 원형 중앙을 두 번 감싸고 등 뒤에 꿰매 매듭짓는다.

얼굴

보이는 것처럼 검은색과 분홍색 자수용 실로 눈과 입을 수놓는다.

머리

D를 6.5m 잘라 머리를 만든다. 23cm 길이가 될 때까지 머리를 계속 접는다. 함께 모아 같은 실로 10cm 정도 되는 곳에 매듭짓는다. 이렇게 하면 옆 가르마가 만들어진다. 실로 머리카락을 머리에 묶고 머리속에 실 끝을 숨긴다. 머리카락을 머리 주위에 펼치고 목주위로 모은다. 매듭지은 헤어라인 위를 니들펠트하여 고정한다. 옷감용 풀로 붙인다.

이상한 나라의 엘리스와 토끼
alice in wonderland & white rabbit doll

응용은 156쪽을 보세요.

재료

- 천 : 로버트 카프만 코나 코튼
  (면 100%)
  붉은색, 노란색, 흰색,
  연분홍으로 각 25cm씩
  P&B 텍스타일 스펙트럼
  솔리드(P&B Textiles Spectrum
  Solids, 면 100%)
  남색으로 25cm
- 흰색과 검은색 펠트
- 투사지
- 옷핀
- 초크
- 바느질용 실, 천 색상에
  맞춰서
- 바느질용 바늘
- 재봉틀(선택사항)
- 연분홍, 검은색, 연노랑의
  자수용 실
- 파란 리본
- 흰색과 진주색 단추 2개
- 옷감용 풀
- 속재료

완성품 크기 : 넓이 16.5cm
            높이 28cm

만드는 방법

오른쪽 사진을 보고 천에 도안을 그리고 잘라낸다. 주머니 시계는 2.5cm 크기의 원을 흰색 펠트에서 잘라 만들고 눈은 검은색 펠트를 사용한다.

엘리스

머리 : 머리 안쪽 가장자리 세 곳을 0.5cm 뒤쪽으로 누른다. 앞머리 쪽의 모서리를 조금 잘라 누르고 가장자리를 따라 꿰맨다. 머리와 잘 맞추고 가장자리에서 1.25cm 안쪽으로 머리라인 안을 따라 함께 꿰맨다.

얼굴 : 초크로 눈썹, 입을 그린다. 입은 분홍색 실, 눈은 검은색 실로 수놓는다. 파란색 끈으로 작은 리본을 매고 엘리스 머리 왼쪽 모서리에 꿰맨다.

원피스 : 남색 원피스 상의 가장자리를 0.5cm 뒤쪽으로 접어 머리 하단에 맞추고, 머리카락 하단 가장자리에 살짝 겹치게 하여 상단에 직선으로 꿰맨다. 원피스에 흰색 단추 2개를 입과 일직선이 되도록 꿰맨다.

앞치마 : 양쪽과 하단 가장자리를 0.5cm 뒤쪽으로 접고 가장자리를 따라 꿰맨다. 스커트에 두르기 위해 따로 둔다.

하얀 토끼

귀 : 겉면을 맞대고 하단 가장자리를 빼고 바느질한다. 뒤집는다.

셔츠 : 가장자리를 0.5cm 뒤로 접고 머리 하단에 맞춘다. 셔츠 상단만 직선으로 꿰맨다. 뒷면도 동일하게 작업한다.

얼굴 : 풀로 눈을 붙이고 분홍색 삼각 모양 코를 수놓고 콧수염을 매듭짓고 입을 수놓는다.

주머니 시계 : 펠트로 만든 원에 검은색 실로 시계 바늘을 수놓는다. 시계를 빨간색 스커트 오른쪽에 핀으로 고정하고 노란색 실로 바깥쪽 가장자리를 홈질한다. 시계 상단 좌측에 작은 사각형을 수놓고 스커트 위쪽으로 굽은 체인 모양을 사슬뜨기한다.

합치기

엘리스와 토끼 얼굴을 맞대어 놓고 하단의 직선 가장자리만 꿰맨다. 뒷머리 부분도 동일하게 작업한 후 납작하게 편다. 엘리스 얼굴과 머리, 토끼 얼굴과 머리의 겉면이 위를 향하게 놓는다. 토끼 귀를 토끼 머리 사이에 눈과 나란히 고정하고 아래쪽으로 구부려 허리를 향하게 한다. 한 쪽에 7.5cm를 남기고 꿰맨다. 속을 뒤집고 솜을 채운 후 메리야스뜨기한다. 앞치마를 스커트 위 중앙에 놓고 시친다. 남색 스커트 앞면을 맞대 옆을 꿰매고 빨간색 스커트도 동일하게 작업한다. 스커트를 아직 뒤집지 말자. 스커트를 아래 위를 뒤집어 엘리스 머리 위로 입혀 스커트의 좁은 쪽과 앞치마가 허리에 오게 한다. 스커트와 앞치마를 허리 주위로 홈질하여 몸에 고정한다. 토끼의 스커트를 위해 다른 쪽도 동일하게 작업한다. 남색 스커트를 잡아 당겨 빨간색 스커트와 나란히 한다. 스커트 가장자리를 함께 눌러 핀으로 고정하고 하단 가장자리를 따라 꿰맨다. 이렇게 하면 치마를 당겼을 때 두 개가 아닌 하나가 만들어진다.

앞치마

머리카락

머리

상의(2)

귀(4)

스커트(2)

실제 크기 : 760%

인형의 집 패브릭fabric dollhouse

응용은 157쪽을 보세요.

재료

■ 중간 두께 면
 청록색으로 25cm
■ 빳빳한 펠트
 30×46cm로 1½개
■ 두꺼운 모직 천
 진갈색으로 25cm
■ 펠트 : 노란색, 흰색, 갈색,
 검은색, 주황색
■ 투사지
■ 옷핀
■ 초크
■ 재봉틀(선택사항)
■ 바느질용 바늘
■ 바느질용 실, 청록색
■ 옷감용 풀
■ 하얀 단추 2개
■ 포인트 터너

완성품 크기 : 길이 15cm
　　　　　 넓이 15cm
　　　　　 높이 24cm

만드는 방법

150쪽 도안을 보고 빳빳한 펠트 천을 자른다. 집 옆면을 각각 2장, 12cm 정사각형 2장, 10×15cm 직사각형 2장, 굴뚝용으로 9.5×2.5cm 1장과 6.5×2.5cm 1장

집

청록색 천 2장 위에 집 옆면과 정사각형을 놓는다. 바닥면을 둘러싼 각 가장자리 사이에 0.25cm의 공간을 남기고 테두리를 따라 1.25cm 자른다. 빳빳한 펠트의 겉면을 마주보게 하여 천 사이에 놓는다. 핀으로 고정하고 펠트에 가깝게 바깥쪽 가장자리를 따라 꿰맨다. 아래쪽 중앙 가장자리에 20cm의 구멍을 남겨둔다. 펠트를 뺀 다음 속을 뒤집고 펠트를 다시 끼운다. 바닥용 정사각형과 열린 가장자리를 공

그르기로 꿰맨다. 집 앞면과 옆면 가장자리를 12cm 접고 꿰맨다.

지붕

모직 천 2장 위에 지붕용 펠트 2장을 놓는다. 15cm 가장자리 사이에 0.25cm 면이 오게 한다. 테두리를 따라 1.25cm 잘라낸다. 펠트의 겉면을 마주보게 하여 천 사이에 놓는다. 핀으로 고정하고 펠트에 가까이 바깥쪽 가장자리를 따라 꿰맨다. 15cm 구멍을 남겨둔다. 펠트를 빼고 뒤집는다. 가운데 가장자리 사이에 0.25cm 가량의 공간을 남기고 펠트를 다시 끼운다. 가운데를 따라 아래로 바느질하여 지붕의 주름을 만들고 아래 구멍을 공그르기로 봉한다. 지붕이 1.25cm 나오게 하여 집에 꿰맨다.

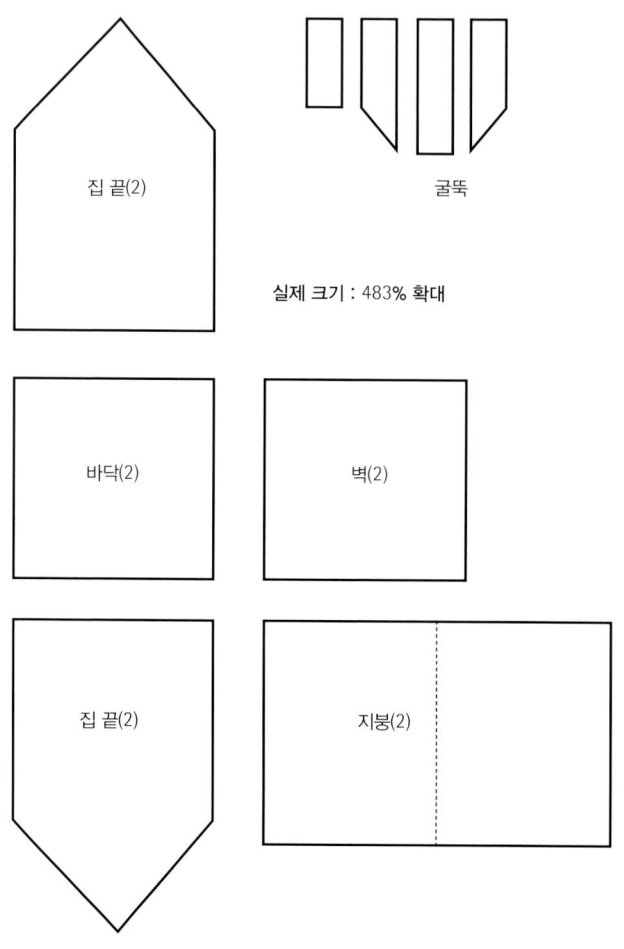

집 끝(2)

굴뚝

실제 크기 : 483% 확대

바닥(2)

벽(2)

집 끝(2)

지붕(2)

굴뚝

모직 천 2장 위에 굴뚝용 펠트를 0.25cm 간격으로 놓는다. 테두리 주위를 따라 1.25cm 자른다. 겉면을 마주보게 하고 펠트를 천 사이에 놓는다. 오른쪽 가장자리는 그대로 놔두고 핀으로 고정하여 펠트 가까이 꿰맨다. 펠트를 빼고 뒤집는다. 가운데 가장자리 사이에 0.25cm 가량의 공간을 남기고 펠트를 다시 끼운다. 0.25cm를 따라 아래로 꿰매고 열린 부분을 봉한다. 굴뚝을 손바느질로 봉하고 지붕 위에 꿰맨다.

나머지

펠트로 만든 문과 창문, 벽난로 등을 옷감용 풀로 붙인다.

응용

페이스 펠트

기본 디자인은 137쪽을 보세요.

후크 & 루프 패스너

얼굴 부위를 각각 2조각씩 잘라 속을 가볍게 채운 후 함께 꿰맨다. 뒷부분과 눈, 코, 입, 머리카락이 위치한 부분에 후크 & 루프 패스너(hook & loop fastener)를 붙인다.

진주 귀고리 소녀

작은 사각형을 니들펠트하여 숱 많은 눈썹을 만든다. 상아색 펠트에서 귀 모양을 자르고 색실을 사용하여 귓속을 스티치한다. 흰색으로 작은 진주 귀고리를 니들펠트한다. 연분홍 펠트에서 2.5cm 원 2개를 잘라 볼을 만들고 뺨에 붙인다.

퍼즐 패브릭

10cm 정사각형 집, 10cm 삼각형 지붕, 5×2.5cm 문, 2.5cm 정사각형 창문 2개, 5×2.5cm 굴뚝을 모두 각각 2개씩 잘라 함께 꿰매 퍼즐 모형을 만든다.

메모리 게임

카드마다 펠트로 7.5cm 정사각형 2개를 만든다. 펠트 "카드" 위에 다른 색상의 삼각형, 정사각형, 원, 직사각형을 잘라 모두 꿰매고 가장자리를 따라 각 카드 뒤에 정사각형을 꿰맨다.

중산모(사진)

펠트를 머리둘레에 맞춰 자르고 4cm의 모자챙을 잘라 검은색 중산모를 만든다. 모자는 16cm 높이로 자르고 모서리와 챙을 둥그스름하게 모양낸다. 모자 하단에 4cm의 검은색 펠트를 니들펠트하여 모자와 비슷한 넓이의 줄을 만든다.

귀모양 펠트

상아색 펠트에서 귀 모양 두 개를 자르고 조금 진한 색실을 사용하여 귀 모양을 수놓는다. 흰 색 볼 2개를 니들펠트하여 "진주"귀고리를 만든다.

응용

발레리나

기본 디자인은 138쪽을 보세요.

종이인형

발레리나 도안을 참고해 펠트로 납작한 발레리나 인형을 만든다. 다양한 색상의 원피스, 발레용 스커트, 슈즈, 머리카락을 만들어 바꿔 입힌다.

발레리나 캐츠

발레리나 도안을 따르되 머리카락은 생략한다. 크림색 펠트에서 4cm 삼각형을 자르고, 연분홍 펠트에서 2.5cm의 귀 모양 삼각형을 자른다. 얼굴에 분홍색의 작은 코와 하얀 수염을 수놓는다. 꼬리를 붙이고 고양이 발 모양을 둥글게 만든다.

춤추는 발레리나

발레리나 도안을 반으로 축소해 작은 발레리나를 만든다. 25cm의 털실을 잘라 머리 위에 붙이고, 다른 쪽은 7.5cm의 다보나 고리에 연결한다. 이제 춤추는 발레리나가 되었다.

공주님

노란색으로 머리카락을 만들고, 스커트는 발까지 내린다. 펠트에서 5cm의 왕관을 잘라 머리 위에 꿰맨다. 색실을 사용하여 왕관 위에 "보석"을 수놓는다.

걸스카우트

털실 한 뭉치를 40cm 길이로 잘라 머리카락을 만든다. 20cm를 재고 머리 위 가운데와 머리 뒷면을 따라 꿰맨다. 양 갈래로 땋고 함께 묶는다. 초록색 천으로 스커트를 만들고 흰색으로 블라우스를 만든다. 하얀 슈즈와 초록색 무릎양말을 만든다. 초록색으로 4×30cm의 펠트를 잘라 띠를 만들고 배지를 만들어 단다. 짧은 가장자리를 따라 꿰매 어깨에 걸쳐준다.

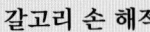 응용

해적 크로셰

기본 디자인은 *140*쪽을 보세요.

갈고리 손 해적

회색 펠트에서 2.5cm 길이의 갈고리를 2장 자른다. 회색 실로 함께 꿰맨다. 팔 도안의 3-4번은 생략하고 한쪽 손의 2단 끝에서 C로 바꿔 짧게 뜬다. 그 끝에 갈고리를 단다.

보물지도(위 사진 참조)

상아색 펠트를 50×40cm로 자른다. 육지와 섬을 수놓고 야자나무와 해적선을 추가한다. 지도 위에 점선을 수놓고 보물 상자 있는 곳은 X로 표시한다.

슈퍼히어로

셔츠와 바지 색을 바꾸고 펠트에서 10cm 정사각형을 잘라 망토를 만든다. 상단 가장자리에서 1.25cm 아래를 홈질하고 실을 당겨 모은다. 망토를 목뒤에 꿰맨다. 가면 모양을 잘라 눈을 수놓고 눈 위에 꿰맨다.

마임돌

마임 인형을 위해 빨간 털실 대신 검정 털실을 사용한다. 하얀색 펠트에서 3cm 원을 잘라 얼굴에 꿰매 흰색으로 색칠한 얼굴처럼 만든다. 두 눈 아래 중앙에 검은색으로 입술 선을 수놓고 빨간색도 같이 수놓는다. 하얀 털실로 손을 만들고 검은색 털실로 다리를 뜬다.

닌자

모두 검은색으로 코바늘뜨기한다. 상아색 펠트를 2.5×1.25cm 잘라 가면을 만든다. 검정 실로 눈을 수놓고 얼굴에 꿰맨다. 23×25cm의 검정 벨트를 사슬뜨기하고 허리에 묶는다.

응용

로봇 만들기

기본 디자인은 142쪽을 보세요.

3-D 로봇

입체감 있는 로봇을 만들기 위해 12.5cm 정사각형 4개를 잘라 머리를, 15cm 정사각형 4개를 잘라 몸통을, 6×9.5cm 직사각형 8개를 잘라 팔다리를 만든다. 만들어진 정사각형과 직사각형을 몸통에 꿰매고 속을 채운다. 6cm 정사각형 4개를 잘라 팔다리의 끝에 붙인다.

우주비행사(위 사진 참조)

로봇 도안을 따르되 회색 대신 하얀 펠트를 사용하고 검은색 펠트에서 4×6cm의 직사각형을 잘라 헬멧 위에 니들펠트하여 그늘을 만든다. 빨간색 펠트에서 1.25×6cm 조각 4장을 잘라 우주비행사의 소매와 무릎에 니들펠트한다.

애꾸눈 외계인

외계인 형상을 위해 초록색을 사용하고 로봇모형을 둥글게 다듬는다. 하얀 펠트에서 4×5cm의 눈 하나와 검정색 펠트에서 안구의 홍채(눈 안에 들어가도록)를 자른다. 눈을 얼굴 중앙에 꿰매고, 7.5×2cm 크기의 더듬이를 잘라 머리 위에 달아준다.

강아지 로봇

로봇과 같은 회색 천을 사용하여 10×15cm 직사각형 2개와 7.5×10cm 직사각형 2개를 잘라 함께 바느질하고 솜을 채워 몸의 오른쪽 모서리에 꿰맨다. 로봇의 팔 도안을 따라 다리 4개를 만들어 붙이고 꼬리와 눈을 붙인다.

여자 로봇

로봇 도안을 따르되 몸 아래쪽 반은 20cm 넓이의 삼각형 스커트로 만든다. 눈에 속눈썹을 수놓고 로봇 볼 위에 지름 1.25cm의 장밋빛 원을 올린다.

응용

인어 니트

기본 디자인은 145쪽을 보세요.

남자 인어
인어 도안을 따르되 조개껍질은 생략한다. 머리카락은 짧게 자르고 몸 털실 색상보다 약간 어두운 실을 사용하여 가슴근육을 수놓는다.

하와이안 훌라 댄서
19단부터 B 털실을 사용한다. 20코를 만들고 둥글게 단을 떠서 연결한다. 19-55단까지 뜨고 25와 26단을 작업한다. 다리를 대바늘뜨기한다. CO단을 평평하게 펴고 다리를 꿰맨다. 인어에 사용한 초록색 털실로 훌라 스커트를 만든다. 5-7.5cm 길이로 털실을 잘라 두껍게 정렬한다. 초록 펠트를 스커트 길이에 맞춰 1.25cm 높이로 잘라서 고정하고 허리에 꿰맨 다음 스커트를 둘러 꿰맨다. 인어 도안을 따라 나머지를 작업하고, 펠트로 꽃목걸이와 머리에 올릴 꽃을 만든다.

요정 인형
분홍색 털실로 목까지 겉뜨기하여 원피스를 만든다. 초록색 스커트 대신 2가지 톤의 분홍색 털실을 사용한다. 흰 펠트에서 5cm 날개 2장을 잘라 등에 꿰맨다.

넵투누스
흰 턱수염, 흰 머리카락, 삼지창을 더하여 로마 신화에 나오는 바다의 신을 만들어 보자! 노란색 펠트 2장을 잘라 15cm의 삼지창을 만든다. 펠트를 함께 꿰매고 동일한 색상의 실로 세세하게 수놓는다. 펠트에서 왕관 모양을 잘라 머리 위에 꿰맨다.

조개껍질 옥좌
인어공주를 위해 10cm 넓이와 높이의 옥좌를 니들펠트한다. 조개껍질 중앙 하단에서 가장자리로 퍼지는 선을 뜬다. 옥좌로 쓰일 조개껍질을 펠팅하여 의자처럼 열리게 한다.

이상한 나라의 엘리스와 토끼

기본 디자인은 *146*쪽을 보세요.

금발소녀 & 곰 세 마리

엘리스 도안대로 금발소녀를 만든다. 사슬뜨기한 10개의 코에 dc3로 곱슬머리를 만들고 머리 위에 꿰맨다. 갈색 천으로 곰 얼굴을 만들고 둥근 귀를 잘라 붙이고 얼굴을 수놓는다. 갈색 펠트에서 작은 타원을 2개 잘라 곰의 얼굴과 귀를 만들고 첫 번째 곰 얼굴 아래 꿰맨다. 인형 만드는 방법대로 나머지 작업을 한다.

공주 & 왕자

엘리스 도안을 따르되 공주의 드레스는 분홍색 천을, 왕자의 상의는 파란색 천을 사용한다. 토끼 도안을 참고해 단추를 아래로 꿰맨다. 왕자는 짧은 머리카락을 붙이고 머리 위에는 모두 펠트 왕관을 씌운다.

빨간 모자 소녀 & 늑대

빨간 천을 사용해 빨간 모자 소녀를 만든다. 머리카락은 주황색 털실을 사용하고, 삼각형을 잘라 모자를 만들어 목 뒤에 꿰맨다. 회색 천으로 늑대를 만든다. 토끼 귀를 4cm로 줄이고, 눈, 코, 날카로운 이빨 등을 수놓고, 스커트는 깅엄체크를 쓴다.

잠자는 인형과 깨어있는 인형

엘리스 도안을 따르되, 인형 하나는 뜬 눈을, 다른 하나는 감은 눈을 수놓는다. 작은 꽃무늬 천을 사용해 잠자는 인형의 잠옷을 만들고, 머리에 수면용 모자를 씌운다.

토끼와 거북이

초록 펠트에서 타원을 잘라 거북 등껍질을 만들어 수놓고, 속을 살짝 채워 등에 꿰맨다. 배 부분은 연두색, 머리는 연초록, 치마는 진초록을 사용한다. 흰 토끼 도안대로 토끼를 만들되 흰색과 빨간색 천 대신 갈색을 사용한다.

응용

인형의 집 패브릭

기본 디자인은 *148쪽*을 보세요.

인형 침대

상자의 치수를 재고 천을 2장 잘라 안에다 깐다. 겉면을 마주보게 꿰매, 속을 뒤집고, 열린 모서리를 안으로 넣고, 겉에서 봉한다. 상자 길이의 천 2장, 상자 길이의 ¼ 크기로 천 2장을 잘라 담요처럼 바느질하고 꿰매기 전에 솜을 채워 베개를 만든다.

새장

꽃무늬 옥양목을 사용하고 집에 벽을 하나 더하고 가운데 4cm 구멍을 내어 창문을 달고 주위에 천을 꿰맨다. 새로 더한 벽은 여닫이문으로 벽의 좌측 가장자리를 집의 좌측 가장자리에 꿰맨다. 단추를 집의 중앙 우측 모서리에 달고, 새로 더한 벽 겉면에 단추에 거는 고리를 만든다. 39쪽을 참고해 새를 몇 마리 만든다.

여행용 인형의 집

들고 다니는 집을 위하여 집 앞 부분과 동일한 크기의 벽을 하나 만들어 덮개로 사용한다. 덮개의 아래 부분부터 집의 아래 부분까지 손으로 꿰맨다. 집 좌우 상단 모서리에 단추를 달고 덮개에 단추 고리를 만든다. 2.5×15cm의 갈색 펠트를 2장 잘라 가장자리를 따라 함께 꿰맨다. 지붕 가장자리에서 2.5cm 떨어진 곳에 펠트를 길게 핀으로 고정하고 짧은 가장자리를 따라 꿰매 손잡이를 만든다.

요정의 집

인형의 집 만드는 방법을 따르되, 집 벽에 나뭇결무늬 천을 사용한다. 1.25×2.5cm의 갈색 펠트로 지붕널을 만들고 옷감용 풀로 부착한다. 바깥 벽 주위에 덩굴식물과 꽃을 수놓는다.

의상

변장하여 사람들을 웃겨주거나,

왕관을 쓰고 먼 나라의 군주가 되어 보자.

이번 장에서 다룰 의상은

여러분을 이야기의 주인공으로 만들어줄 것이다.

슈퍼히어로 망토superhero cape

응용은 178쪽을 보세요.

재료

- 천 : P&B 스펙트럼 솔리드 (P&B Spectrum Solids, 면 100%) 청색으로 1m 로버트 카프만 코나 코튼(Robert Kaufman Kona Cotton, 면 100%) 황금갈색으로 25cm
- 천 색상과 같은 바느질용 실
- 큰 옷핀
- 노란형광색 2cm, 넓은 리본 2m
- 라이트 웨이트 양면 퓨저블 안감심지
- 티어-어웨이 스태빌라이저(떼어 쓰는 스태빌라이저)

완성품 크기 : 67×74cm

만드는 방법

청색 천을 112×76cm 직사각형으로 자른다. 가장자리 양쪽에 0.5cm의 옷단을 만든다. 가장자리 상단에 3cm의 옷단을 만들고 끈을 넣을 수 있도록 양쪽은 꿰매지 않는다. 가장자리 하단은 4cm의 옷단을 만든다. 옷핀을 리본 끝에 묶고 상단 가장자리를 따라 통과시킨다. 리본 끝을 비스듬히 잘라낸다.

퓨저블 안감심지의 웹에 붙은 라이너용 종이 위에 번개를 그리고 자른다. 황금갈색 천의 안쪽에 대고 몇 초간 다린다. 그려 놓은 선을 따라 안감심지와 천을 잘라낸다. 종이는 떼어내고 웹은 번개그림에 그대로 둔다.

번개그림을 망토 뒷면의 목선에서 18cm 아래쪽, 측면에서 56cm 떨어진 중앙에 놓는다. 10-20초 정도 누른다. 스태빌라이저를 번개 모양보다 크게 잘라 번개 뒷부분에 다린다. 노란색실로 넓이 0.25cm의 지그재그 모양을 최대한 짧게 수놓는다. 번개 모양 가장자리를 따라 꿰맨다. 망토 뒷면에 실 끝을 매듭짓고 스태빌라이저를 떼어낸다.

실제 크기 : 360% 확대

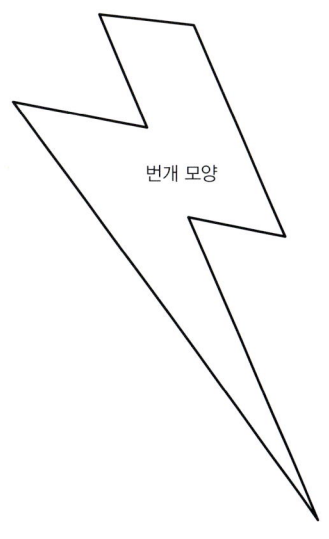

번개 모양

크라운 펠트 felt crown

응용은 179쪽을 보세요.

재료

- 울과 레이온이 섞인 펠트, 노란색으로 25cm, 터키옥색으로 5cm의 정사각형
- 안감심지 25cm
- 투사지
- 펠트와 같은 색상의 바느질용 실
- 후크 & 루프 패스너 줄, 5cm 넓이

완성품 크기 : 높이 9cm, 넓이 58cm(조정가능, 보통 50~55cm 머리둘레에 맞음)

만드는 방법

왕관 도안은 전체 크기의 반이다. 노란색 펠트를 반으로 접고 펠트의 접힌 주름을 도안의 우측 가장자리와 맞추어 왕관 도안을 놓는다. 접힌 부분이 왕관의 앞 중앙이 된다. 왕관 2장을 자르고 안감심지에서 왕관보다 각 면이 0.5cm 작은 왕관을 잘라낸다. 안감심지는 가장자리 안쪽에 놓여 꿰맨다.

터키옥색 펠트에서 타원형을 잘라 왕관 중앙 상단에 시침질하고 터키옥색 실을 사용하여 블랭킷스티치한다. 펠트 왕관 2장 사이에 안감심지를 놓고 가장자리를 시침질한 다음, 왕관의 가장자리 0.5cm 안쪽을 겉에서 홈질한다.

후크 & 루프 패스너를 5cm 정사각형으로 잘라 한 쪽은 왕관 뒷면 우측 끝에 꿰맨다. 왕관을 뒤집어 돌리고, 후크 & 루프 패스너의 다른 면을 왕관의 다른 쪽 끝에 잘 고정되도록 "X"자로 꿰맨다.

실제 크기 : 720% 확대

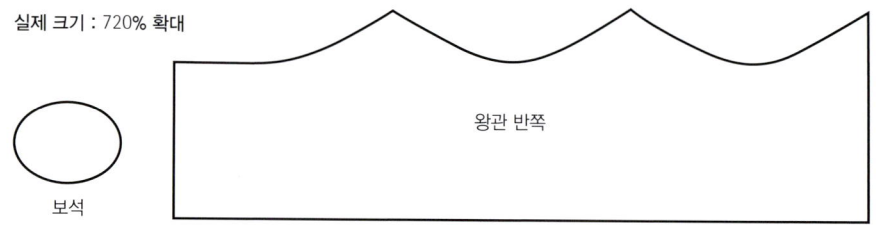

왕관 반쪽

보석

권위봉 크로셰crochet sceptre

응용은 180쪽을 보세요.

재료

- 털실 : 소모사(울 100%)
  100g−224m
  (A) 진노랑
  (B) 빨간색 1타래씩
- 코바늘 4mm
- 펠트용 바늘 38 사이즈
- 노란색 울 로빙

신축성 : 5코−6단−2.5cm

완성품 크기 : 높이 34cm
넓이 6cm

만드는 방법

A로 ch2, 코바늘로 2번째 ch에 dc6, 연결위해 첫 번째 dc에 빼뜨기한다.

Rnd 1 : ch1, 각 코에 dc2, 연결위해 첫 번째 dc에 빼뜨기 − 12코

Rnd 2 : ch1 [다음 코에 dc, 다음 코에 dc2] 둘러하고, 연결위해 첫 번째 dc에 빼뜨기 − 18코 ch1를 뜨고 각 코에 dc, 길이가 25cm가 될 때까지 각 단을 빼뜨기하고 끝까지 속을 채운다. A로 마무리하고 B를 연결하여 다음과 같이 작업한다.

Rnd 1 : ch1 [다음 2코에 dc, 다음 코에 dc2] 둘러하고 빼뜨기 − 24코

Rnd 2 : ch1 [다음 3코에 dc, 다음 코에 dc2] 둘러하고 빼뜨기 − 30코

Rnd 3 : ch1 [다음 4코에 dc, 다음 코에 dc2] 둘러하고 빼뜨기 − 36코

Rnds 4−10 : ch1, 각 코에 dc하고 둘러서 빼뜨기한다.

Rnd 11 : ch1 [다음 4코에 dc, dc2tog] 둘러하고 빼뜨기 − 30코

Rnd 12 : ch1 [다음 3코에 dc, dc2tog] 둘러하고 빼뜨기 − 24코

Rnd 13 : ch1 [다음 2코에 dc, dc2tog] 둘러하고 빼뜨기 − 18코

Rnd 14 : ch1 [다음 코에 dc, dc2tog] 둘러하고 빼뜨기 − 12코

Rnd 15 : ch1, dc2tog, 둘러하고 빼뜨기 − 6코

털실을 잘라 매듭짓고 실 끝을 마무리한다.

진노랑 털실로 빨간색 봉의 하단에서 위로 7.5cm 길이로 사슬뜨기한다. 모두 4개를 뜨고 둥근 봉 주위로 고르게 배열한다. 하단과 상단에 각각 매듭짓고 실 끝을 숨긴다. 2cm 크기의 진노랑 공을 니들펠트하고 봉 끝에 매단다.

도적 가면bandit mask

응용은 181쪽을 보세요.

재료

- 천 : 로버트 카프만 코나 코튼(Robert Kaufman Kona Cotton, 면 100%) 검은색으로 25cm
- 투사지
- 초크
- 자
- 바느질용 바늘 또는 재봉틀
- 바느질용 실 검은색

완성품 크기 : 높이 5.5cm 길이 110cm

만드는 방법

천을 반으로 접어 가운데 지점이 55cm 길이가 되게 한다. 코를 기준으로 마스크 도안을 반으로 접는다. 마스크를 처음에 접은 천 위에 올려놓는다. 초크로 테두리를 따라 그린다. 6cm 길이의 직선 가장자리에 있는 마스크 줄을 자를 활용해 천 끝까지 편다.

선을 따라 자르고, 눈 부위를 반으로 접고, 끝에서 끝으로 가로로 자른다. 평평히 펴고 그려 놓은 선을 따라 자른다. 다른 쪽 눈도 동일하게 작업하고, 눈 주위를 0.5cm 가량 잘라 가장자리를 안쪽으로 향하게 만들고 누른다. 마스크의 다른 면도 똑같이 만든다.

마스크를 겉면이 마주보게 고정하고, 접은 눈 부위가 위를 향하게 놓는다. 0.5cm 시접을 두고 꿰매되 한쪽 가장자리는 5cm 남긴다. 속을 뒤집고 누른다. 가장자리를 5cm 정도 안으로 접고 공그른다. 눈 부위의 천을 핀으로 고정하고 가장자리에서 0.25cm 안쪽을 검은색 실로 박음질하고 가장자리 주변을 안쪽으로 넣고 실을 숨긴다.

실제 크기 : 460% 확대

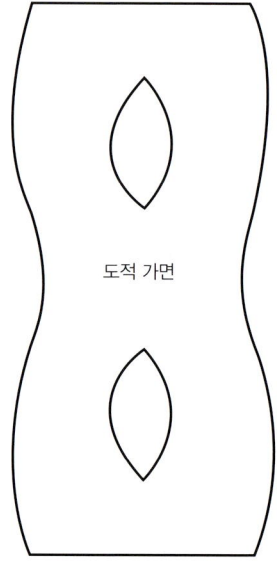

도적 가면

콧수염 니들펠트 needle felt moustache

응용은 182쪽을 보세요.

재료
- 울 로빙, 진갈색으로 7g
- 펠트용 폼 패드
- 펠트용 바늘 38 사이즈
- 구멍이 큰 바느질용 바늘
- 고무줄

완성품 크기 : 길이 10cm
넓이 0.5cm
높이 2.5cm

만드는 방법

울 로빙을 15cm 가량 풀어 길게 감고 끝을 안쪽으로 넣는다. 폼 패드 위에 놓고 끝을 잡는다. 펠트용 바늘로 형태가 잡힐 때까지 울 로빙을 끝까지 찔러 뜬다. 길이는 11.5cm, 넓이는 3-4cm 정도가 될 때까지 계속 바늘로 부드럽게 찌른다.

수염의 중앙을 찾아 울을 수직으로 잡고 아래 방향으로 계속 니들펠트하여 가운데 자국을 만든다. 울을 뒤집고 뒷면도 똑같이 니들펠트한다. 수염을 다시 편평하게 놓고 하단 가장자리를 옆에서 찔러 니들펠트한다. 뒤집어 수염 위의

곡선 모양을 만든다. 가운데에서 ⅔가량 떨어진 곳에서 시작해 끝 부분을 살짝 구부려 올리고, 다른 쪽도 동일하게 작업한다.

여전히 솜털 같은 부위가 남아 있으면, 형태가 잡히도록 편평하게 놓고 세로로 니들펠트 한다. 주름진 곳이 있으면 울을 얇게 덮어 편평해지도록 니들펠트한다. 바늘에 고무줄을 꿰고 콧수염의 뒷면 중앙을 통과시킨다. 줄을 원하는 길이로 잘라 매듭짓거나 머리 뒤에서 묶을 수 있도록 자른다.

요술모자 펠트 felt magician's hat

응용은 183쪽을 보세요.

재료

- 털실 : 소모사(울 100%)
  100g-224m
  흰색으로 1타래
- 검은색 펠트 45cm
- 안감심지 45cm
- 연필
- 줄
- 패브릭 마커
- 초크
- 줄자
- 옷핀
- 자수용 바늘
- 자수용 실
- 대바늘 4.5mm

신축성 : 5코-7단-2.5cm

완성품 크기 :
높이 18cm
지름(챙 : 25cm, 상단 : 18cm)
둘레 55cm

만드는 방법

모자

25cm 크기 원을 펠트에서 2장, 안감심지에서 1장 자른다. 18cm 크기 원을 펠트에서 2장, 안감심지에서 1장 자른다. 큰 원의 가운데 작은 원을 올리고 초크로 작은 원을 따라 그린다. 자른 후 안쪽 원을 제거한다. 25cm 펠트 원과 25cm 안감심지 원도 똑같이 작업하면 모자챙이 만들어진다.

연필, 줄자, 초크로 58×18cm 직사각형과 57.5×18cm 직사각형을 검은 펠트와 안감심지에 그리고 자른다. 펠트를 원통으로 감을 때 짧은 직사각형을 모자 안쪽에 놓으면 58cm 직사각형과 잘 맞을 것이다. 모든 안감심지를 펠트 2장 사이에 놓는다.

직사각형을 안쪽에 놓고 58×57.5cm 직사각형 가장자리를 따라 18cm 원 3장을 핀으로 고정한다. 검은색 자수용 실로 원의 상단을 따라 18cm 감치기하고 직사각형의 가장자리에서 0.25cm 안쪽으로 솔기를 따라 아래로 18cm만큼 박음질한다. 모자를 뒤집어 방금 꿰맨 18cm 원을 아래로 둔다. 25cm의 모자챙 세 겹을 하단 가장자리에 핀으로 고정하고 가장자리를 따라 검은색 실로 모자 안쪽에서 감친다.

하얀 밴드

4.5mm 대바늘로 CO 8코를 뜬다. st st를 55cm하고 BO를 뜬 다음 실 끝을 마무리한다. 편평하게 만들고 모자 아랫부분에 핀으로 고정한다. 밴드의 상하 단을 따라 흰색실로 홈질한다. 펠트의 안쪽은 놔두고 첫 번째 펠트만 꿰맨다.

나비넥타이 knitted bow tie

응용은 184쪽을 보세요.

재료

- 털실 : 세퍼드 쉐이드
  (Shepherd's Shades,
  울 100%) 100g–120m
  하늘색으로 1타래
- 대바늘 6.5mm
- 테피스트리용 바늘
- 검은색의 둥근 고무줄

신축성 : 4코–5단–2.5cm

만드는 방법

털실과 6.5mm 대바늘로 CO를 10코 뜬다. 25cm만큼 메리야스뜨기하고 겉뜨기용 단마다 첫 코를 빼뜨기하고 안뜨기용 단마다 첫 코를 빼뜨기한다. 이렇게 하면 깔끔한 가장자리가 만들어진다. BO한 후 털실을 충분히 남겨둔다.

짧은 면을 함께 메리야스뜨기로 고리를 만든다.

솔기를 한쪽으로 두고 길게 편 다음 나비넥타이 상–하단을 따라 홈질한다. 실 끝을 마무리한다.

가운데를 모아 주름을 잡고 양쪽이 부채처럼 펼쳐지게 만든다. 중앙을 메리야스뜨기로 감싸고 매듭짓는다.

털실과 6.5mm 대바늘로 CO 5코 뜬다. 7.5cm 메리야스뜨기하고 BO한(코를 하나씩 빼고) 다음, 꿰맬 털실을 넉넉히 남겨둔다. 나비넥타이 중앙을 감싸고 끝을 함께 꿰매 나비넥타이에 고정한다. 실 끝을 마무리한다.

고무줄을 38cm(필요에 따라 길이를 조정한다) 정도 잘라 바늘구멍에 끼운다. 나비넥타이 뒤에 고정한 고리에 고무줄을 통과시키고 고무줄 끝을 함께 묶는다.

안경 크로셰crochet spectacles

응용은 185쪽을 보세요.

재료
- 털실 : 코튼 플리스
  (Cotton Fleece, 면 80%
  메리노 울 20%)
  100g-196m 검정색 1타래
- 검은색 파이프 클리너
  2 - 3개
- 철사 절단기/가위
- 코바늘 4mm
- 태피스트리용 바늘
- 옷감용 풀

완성품 크기 : 길이 12cm
　　　　　　　넓이 12cm
　　　　　　　높이 5cm

만드는 방법

14cm 파이프 클리너 하나를 구부려 지름 4.5cm의 원을 만든다. 끝부분에 남은 0.5cm로 원 아래를 둘러 감싸고 연결하여 뾰족한 부분이 없게 한다. 다른 파이프 클리너를 같은 방식으로 구부린다. 2.5cm 길이로 안경을 연결하는 다리를 만들자. 파이프 클리너를 5cm 자르고 원의 연결 부위 반대 방향인 안경테 안쪽에 양쪽 끝을 0.5cm씩 구부려 연결한다. 파이프 클리너를 2개 잘라 안경다리를 만들고 안경테를 감아 연결한다. 다른 끝을 구부려 뾰족한 부분이 없게 한다.

안경 우측의 다리부터 뜨개질을 시작한다. 털실로 풀리는 매듭을 만들고 코바늘을 고리에 건다. 단을 감듯이 파이프 클리너를 다룬다. 파이프 클리너

앞으로 고리를 당겨 바늘에 고리 2개가 만들어지게 한다. 털실을 위로 감아 고리 사이로 당겨 짧은뜨기한다. 파이프 클리너 길이와 안경테에 맞춰 다시 중복뜨기한다. 원을 모두 마치면 털실을 잘라 매듭짓고 실 끝을 마무리한다.

방금 만든 안경테에 가장 가까운 연결 부위에 다시 중복뜨기한다. 전부 중복뜨기하고 다른 부분도 똑같이 진행한다. 원을 모두 마치면 털실을 잘라 매듭짓고 실 끝을 마무리한다. 안경 끝을 직선 방향으로 중복뜨기하고 안경테 옆 연결 부위에서 다시 뜨개질한다.

풀로 끝을 마무리하고 안경 연결 부위가 모두 잘 고정되도록 바늘과 털실로 매듭짓는다. 귀에 잘 걸쳐지도록 안경다리를 구부린다

너구리 마스크felt raccoon mask

응용은 *186*쪽을 보세요.

재료

- 회색과 검은색 펠트
  20×25cm 각각 1장
- 카드보드지
- 패브릭 마커
- 펠트와 동일한 색상의 실
- 검은색 고무줄

완성품 크기 : 넓이 21.5cm
　　　　　　　 높이 11.5cm

만드는 방법

회색 펠트에서 가면 2개, 검은색 펠트에서 귀 2개, 코 1개, 눈 1개를 잘라낸다. 회색 가면 2장 위에 검은색 눈을 올린다. 3장을 함께 시침질하고 검은색 실로 눈 주위를 블랭킷스티치한다. 눈 부위의 가장자리를 따라 꿰맨다.

고무줄을 35.5cm 잘라 양쪽 끝을 매듭지어 회색 펠트 사이에 놓고 핀으로 고정한다. 회색 실로 가면의 가장자리를 따라 꿰맨다. 실로 고무줄을 통과시켜 잘 고정한다. 같은 회색 실로 바깥 가장자리 솔기와 연결되는 귀 아래 선을 꿰맨다. 귀와 코를 가운데 놓고 검은색 실로 다시 꿰맨다.

실제 크기 : 400% 확대

회색 가면(2)

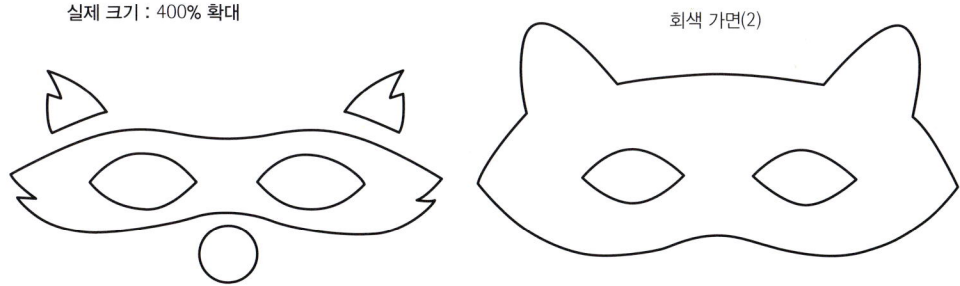

검은색의 귀와 코가 있는 가면(1개씩)

광대모자clown hat

응용은 187쪽을 보세요.

재료

- 털실 : 소모사(울 100%)
  100g~224m
  하얀색으로 1타래
- 빨간색 펠트 25cm
- 안감심지 25cm
- 포크
- 카드보드지
- 패브릭 마커
- 바느질용 실, 흰색과
  빨간색
- 재봉틀(선택사항)
- 두꺼운 흰색 고무줄

완성품 크기 : 높이 16.5cm
넓이 11.5cm

만드는 방법

폼폼(장식 방울 3개)

2.75m의 털실을 잘라 방울 하나를 만들고 가운데를 묶을 털실 12cm를 잘라낸다. 한 손에 포크를 수평으로 잡고 털실을 스파게티처럼 포크 맨 아래 부분에 감는다. 그 다음 포크 가운데 갈래에 12cm 털실 고리를 만든다. 실이 다할 때까지 털실을 감고 중앙을 단단하게 매듭지어 가위로 양쪽 고리를 싹둑 자른다. 포크를 빼고 흔들어 방울 모양을 잡는다. 고르지 않은 부분은 다듬어 준다.

모자

카드보드지에 모자 도안을 프린트하고 빨간 펠트와 안감심지 위에 패브릭 마커로 도안을 따라 그린 후 자른다. 펠트의 안감에 안감심지를 대고 핀으로 고정한다. 빨간색 실로 아래쪽 면을 따라 가장자리에서 0.5cm 떨어진 곳을 꿰맨다. 직선 가장자리를 0.5cm 겹치도록 핀으로 고정하고 원뿔 모양을 만들어 안감심지를 다듬는다. 가장자리에서 0.5cm 떨어진 곳의 위아래를 모두 박음질한다.

모자 끝에 장식용 방울을 하나 달고, 나머지 2개도 달아준다. 고무줄을 55cm 잘라 턱 끈을 만든다. 양 끝을 매듭짓고 빨간색 실로 매듭 바로 아래 모자 양쪽에 꿰매 고정시킨다.

실제 크기 : 500% 확대

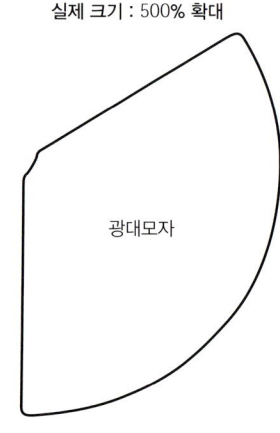

광대모자

응용

슈퍼히어로 망토

기본 디자인은 159쪽을 보세요.

왕의 망토

망토 도안을 따르되, 빨간 새틴 천을 바깥쪽에, 금색 새틴을 라인에 사용한다.

조로의 망토

기본 디자인을 따르되, 검은 새틴 천을 사용한다. 길이를 늘려 아이의 발목까지 오게 하고 검은 리본으로 넥타이를 만든다.

마술사의 망토

겉은 검은 새틴을 사용하고, 라인은 빨간 새틴을 사용한다. 겉을 마주하여 꿰매되 공간을 남겨 뒤집고, 가장자리를 1.25cm 안쪽으로 접어 누른다. 라인의 0.5cm 안쪽을 모두 겉에서 꿰맨다. 상단 가장자리에서 5cm 안쪽과 7.5cm 안쪽을 평행하게 꿰매 선을 2개 만든다. 겉면의 평행선 사이에 끈이 들어갈 수 있는 단춧구멍을 만든다. 끈을 구멍에 넣는다.

빨간 모자 소녀의 망토

기본 망토 상단에 38cm의 빨간 천을 더하여 후드를 만들고 같은 천으로 안감을 댄다. 겉을 마주하여 시접 1.25cm를 두어 꿰매되 뒤집을 공간을 남긴다. 속을 뒤집고 꿰매지 않은 가장자리를 안쪽으로 1.25cm 접어 눌러준다. 라인을 따라 0.5cm 안쪽을 겉에서 꿰맨다. 후드 줄을 넣기 위해 망토 위에서 35cm와 38cm 떨어진 곳에 평행으로 꿰매고 평행선 사이에 단춧구멍을 만든다. 상단 가장자리를 반으로 접고 핀을 꽂아 천과 동일한 색상의 실로 함께 공그른다.

이니셜 망토

아이의 이니셜을 워드에서 단순한 모양으로 골라 원하는 크기로 프린트한다. 번쩍이는 번개 만드는 방법을 따라 망토의 바깥쪽 중앙에 이니셜을 새긴다.

크라운 펠트

기본 디자인은 160쪽을 보세요.

티아라

왕관 도안을 따라 동일한 길이로 만들되 가운데 포인트를 3개만 단다. 나머지는 다듬고 뒤쪽의 높이를 4cm로 줄인다. 기본디자인대로 진행하고 보석을 더 붙인다.

벨트 펠트

아이의 허리둘레를 재고 후크 & 아이 패스너를 달기 위해 끝에 7.5cm를 더하고 왕관과 같은 색상의 펠트 2장을 자른다. 벨트 가장자리를 따라 "보석"을 겉에서 꿰맨다. 끝 부분에 후크 & 아이 패스너를 달고 허리에 잘 두른다.

요정의 화관

철사를 초록색 천으로 감고 옷감용 풀로 고정한다. 철사를 구부려 최소한 3번 정도 머리를 둘러싼다. 철사를 엇갈리게 하고, 4×2.5cm로 펠트 나뭇잎을 잘라 왕관 주위 여기저기 꿰매거나 풀로 붙인다.

월계관(위 사진 참조)

어린이 머리에 맞게 두꺼운 철사를 46−55cm 정도 자르고 끝 부분을 꼬기 위해 7.5cm 정도 남긴다. 철사를 원으로 구부리고 끝을 꼰다. 안경 만드는 방법을 따라 진록색 털실로 철사 주위를 코바늘뜨기한다. 끝을 안으로 숨긴다. 4×6cm 크기의 나뭇잎을 잘라 월계관 주위에 꿰맨다.

왕관 아플리케

왕관 도안의 가운데 부분을 사용해 왕의 망토에 붙일 아플리케를 만든다. 159쪽의 슈퍼히어로로 망토 만드는 방법을 따라 아플리케와 망토를 만든다.

권위봉 크로셰

기본 디자인은 163쪽을 보세요.

토치 크로셰

권위봉 도안을 따르되, 노란색 체인과 작은 펠트 공은 생략한다. 주황색과 빨간색 펠트에서 7.5–12.5cm의 "불꽃" 모양을 넉넉히 잘라 봉의 끝부분에 꿰맨다.

마법사의 봉(어린 아이들에게는 부적합)

울 로빙을 30cm 길이의 얇은 튜브 형태로 말아 니들펠트한다. 한쪽 끝에 울을 더 붙인다. 형태가 잡힐 때까지 펠트한다. 대나무를 끼우되 끝부분을 숨긴다.

요정의 봉(위 사진 참조)

분홍 털실로 원형뜨기 dc8, 25cm가 될 때까지 각 코에 dc한다. 지름 0.5cm, 길이 25cm로 코바늘뜨기한 다보를 튜브에 넣고 마지막 8코에 털실로 고리를 엮어 매듭짓는다. 노란색 펠트에서 10×10cm의 별 2개를 잘라 꿰매고 막대를 끼울 공간을 남긴다. 속을 채우고 막대를 꽂은 후, 별 아래 꼬리 같은 리본을 단다.

요술봉

흰 털실로 원형뜨기 dc8, 2.5cm까지 각 코에 dc. 검은 실을 연결해 28cm까지 각 코에 dc. 흰 실을 연결하여 한 번 더 각 코에 dc. 0.5×30cm의 다보를 집어넣고, 마지막 8코에 털실로 고리를 엮어 잡아당기고 마무리한다.

삼지창

손잡이 도안을 따르되, 길이를 38cm 더 늘리고 두꺼운 철사를 넣어 고정시킨다. 같은 실로 25cm 길이 튜브 2개를 코바늘뜨기하고, 철사를 넣고 속을 채운다. 마지막 단에 실로 고리를 엮어 잡아당겨 매듭짓는다. 철사 한쪽 끝을 직각으로 구부리고 가장 긴 부분보다 7.5cm 올라간 위치에 꿰맨다. 다른 튜브도 반복한다.

응용

강도마스크

기본 디자인은 *164쪽*을 보세요.

서부스타일 강도마스크

52cm의 빨간 천 정사각형으로 코와 입을 가리는 서부스타일 강도마스크를 만든다. 네 모서리를 모두 안쪽으로 감치고, 두건을 사선으로 접어 삼각을 만든다. 코와 입을 가리고 뒤에서 묶는다.

가라데 머리띠

기본 도안을 따르되, 눈 오리기는 생략한다. 6cm×2.5m 길이의 천을 2장 자른다. 겉면을 맞대고 1.25cm 시접을 두어 꿰맨다. 짧은 부분을 남겨 뒤집고, 1.25cm 안으로 접어 공그르기로 마무리한다.

해적 허리띠

23cm×2.5m의 빨간 천 2장을 준비하고 끝 부분을 사선으로 자른다. 가라데 머리띠를 따라 작업한다. 벨트를 허리에 두 번 감고 옆에서 묶는다.

눈가리개

기본 도안을 따르되, 눈 오리기는 생략한다. 아이들과 숨바꼭질 같은 놀이를 할 때 눈가리개로 사용한다.

비행사 스카프

가볍고 하얀 털실로 25×165cm를 메리야스뜨기한다. 끝이 안으로 살짝 말린 스카프가 만들어진다.

무도회 가면

기본 도안을 따르되, 스팽글을 꿰매거나 라인석을 붙여 장식한다.

콧수염 니들펠트

기본 디자인은 167쪽을 보세요.

수염 니들펠트

울 로빙을 원하는 길이와 넓이로 펼친다. 위 가장자리를 아래로 말아 니들펠트한다. 좌우 옆면을 위로 올려 중간이 "U"자 모양이 되게 하고, 콧수염 아래 턱수염 양쪽을 니들펠트한다. 나머지 턱수염도 형태가 잡히도록 가볍게 니들펠트한다.

구레나룻 니들펠트

2.5×5cm 직사각형 2개를 니들펠트하여 구레나룻을 만든다. 거기에 맞는 펠트를 자르고 구레나룻 뒤에서 바늘땀이 보이지 않게 꿰맨다. 양면테이프로 구레나룻을 붙인다.

막스의 눈썹

그루초 막스(Groucho Marx : 미국의 유명한 코미디언)의 눈썹을 니들펠트한다. 5cm 넓이로 만들고 상단 2.5-4cm는 울을 성글게 한다. 검은 펠트를 1.25×5cm로 잘라 눈썹 뒤에 꿰맨다. 실제 눈썹보다 약간 위에 양면테이프로 붙인다.

염소수염

원하는 색상의 펠트에서 6×5.5cm 2장을 자르고 필요에 따라 조절한다. 모서리를 둥글게 만들고 가운데를 접는다. 2장 모두 가운데를 자르고 테두리를 0.75cm 남긴다. 같은 색실로 전체를 실제 수염 느낌이 나도록 세로로 함께 꿰맨다. 양면테이프로 염소수염을 붙인다.

프리다의 일자눈썹

콧수염의 위아래를 뒤집어 일자눈썹을 만든다. 콧수염보다 조금 길고 좁게 펼쳐지도록 펠트한다. 같은 색상의 펠트를 뒤에 꿰매고 양면테이프로 붙인다.

응용

요술모자 펠트

기본 디자인은 *168*쪽을 보세요.

모자장수의 모자

초록색 펠트로 요술모자 도안을 따라 만들되, 직사각형의 상단 가장자리를 하단보다 12cm 늘려 이상한 나라의 엘리스에 나오는 미친 모자장수의 모자를 만든다. 직사각형을 핀으로 고정하고 위의 원을 위해 지름을 잰다. 짧은 가장자리에 시접 1.25cm 남기고 나머지를 잘라낸다.

메리 포핀스 모자

요술모자 도안을 따르되, 직사각형 높이를 2cm 줄여 메리 포핀스 모자를 만든다. 모자 하단에 흰 펠트로 만든 데이지와 빨간 펠트로 만든 "베리"를 붙여 완성한다.

엉클 샘 모자

요술모자 도안을 따르되, 빨간색과 성조기 무늬로 엉클 샘의 모자를 만든다. 감청색 펠트를 56×5cm 잘라 모자의 아랫부분을 만들고 풀로 고정한다. 흰 펠트에서 4cm 크기의 별을 잘라 파란 줄에 모두 붙인다. 흰 펠트에서 4cm 넓이 줄을 7장 잘라 파란 줄 위로 모자 상단 가장자리까지 맞추고 풀로 붙인다.

윌리 윙카 모자

요술모자 도안을 따르되 녹슨 듯한 색상의 펠트로 전형적인 윌리 윙카 모자를 만든다. 중간 두께의 철사를 모자챙 펠트 2장 사이에 넣고 모자 끝을 위로 젖힌다.

찰리 채플린 모자

요술모자 도안을 따르되, 상단의 원지름을 18cm가 아닌 15cm로 만든다. 직사각형 상단 가장자리에 5-7.5cm 길이의 세로구멍을 균등하게 자른다. 구멍을 함께 당겨 모자 상단이 15cm의 원 주위로 모아지게 만든다. 구멍을 함께 꿰매고 상단의 원을 감친다. 하단은 흰색 대신 검은색으로 겉뜨기한다.

나비넥타이

기본 디자인은 171쪽을 보세요.

보타이 크로셰

6.5mm 코바늘과 나비넥타이와 같은 털실로 ch9코 뜨고 돌려 두 번째 dc에서 시작한다. 다음 8코에 dc하고 ch1코, 그리고 25cm까지 반복하고 반으로 접어 짧은 가장자리를 함께 꿰맨다. 가운데를 모아 잡고 같은 색실로 단단하게 감은 후 매듭짓는다. 고무줄로 고리를 만들어 뒤쪽에서 매듭짓는다.

물방울무늬 나비넥타이(사진)

기본 도안대로 진행하다가 25cm가 되면 대조되는 색상의 털실과 바늘로 중복 뜨기하여 도트 무늬를 만든다. 나머지는 나비넥타이 만드는 방법을 참고한다.

타이 크로셰

목부터 허리까지 길이를 측정한다. 6.5mm 코바늘과 나비넥타이와 같은 털실로 ch 8코, 뒤집고 두 번째 ch를 시작한다. 다음 7코에 dc하고, 뒤집어 ch1, 이 과정을 반복한다. 상단 "매듭"을 만들기 위해 dc8, 뒤집고, 2번째 ch를 시작한다. 다음 7코에 dc, 뒤집어 dc1, 이 과정을 7.5cm까지 반복한다. 꿰맬 여유를 두고 털실을 자른다. 긴 면이 직각이 되도록 넥타이 상단 가장자리에 올린다. 2장을 모두 뒤집고 매듭 가장자리를 1.25cm 아래로 접어 넥타이 상단 가장자리 위로 놓는다. 하단 모서리를 모두 당겨, 매듭 아래쪽을 모아 함께 꿰맨다. 넥타이 클립을 뒤에 꿰매거나 나비넥타이처럼 고무줄을 사용한다.

줄무늬 나비넥타이

기본 도안을 따르되, 2가지 색상의 털실을 사용해 줄무늬를 만든다. 2단을 뜨고 바꿀 때마다 털실을 옆으로 빼두면 매번 털실을 자르지 않아도 된다. 나머지는 기본대로 진행한다.

응용

안경 크로셰

기본 디자인은 172쪽을 보세요.

외알 안경 크로셰(사진)

파이프 클리너를 5cm 원으로 구부려 안경 도안과 마찬가지로 코바늘뜨기한다.
외알 안경에 줄을 달고 옷에 달 수 있도록 작은 클립을 끼운다.

괴짜 안경 크로셰

안경 크로셰를 따르되, 원 모양 대신 직사각형으로 구부린다. 안경테는 검은 털
실, 안경다리는 흰 털실을 사용하여 반창고를 붙인 것 같은 느낌을 준다.

고양이 안경 니트

대바늘에 3코를 만들고 철사의 길이에 맞춰 코드 자수를 만든다. 철사를 원하
는 형태로 구부리기 전에 걸러 뜬다. 철사를 안경과 같은 크기로 구부리고 테 바
깥 모서리를 집어 고양이 눈 모양을 완성한다. 바느질용 바늘로 끝을 꿰매고 실
끝을 숨긴다.

안경 줄 크로셰

안경과 다른 색상의 실을 사용해 76cm 정도 사슬뜨기한다. 끝을 함께 꿰매 고리
를 만들고, 안경 한 쪽에 연결한다. 고양이 안경에 줄을 달아보자.

셔터 쉐이드(shutter shade) 선글라스

안경 만드는 방법을 따르되 더 많은 철사를 사용하여 더 큰 안경테를 만든다. 상
단 가장자리는 직선으로 연결하고 렌즈 아래쪽은 둥글게 만들어 비행사 스타일
의 안경테를 만든다. 빳빳한 펠트를 똑같은 넓이로 잘라 셔터 쉐이드를 만든다.
균등하게 배치하고 꿰매 렌즈를 완성한다.

응용

너구리 마스크

기본 디자인은 175쪽을 보세요.

부엉이 마스크

기본 도안을 따르되, 얼굴과 귀는 회갈색 펠트를 사용한다. 노란색 펠트에서 4×5cm의 부리를 잘라 검은 코에 꿰매 부엉이 부리를 완성한다. 크림색 원 2개를 잘라 눈 주위에 꿰매고, 눈구멍을 낸다. 눈 주위에 1.25×2.5cm의 회갈색 펠트로 "깃털"을 만들어 꿰맨다.

가장무도회 마스크

원하는 색상의 펠트를 사용하되, 너구리 도안의 귀를 생략한다. 대조되는 색상으로 7.5-10cm 길이의 "깃털"을 잘라 가면 한 쪽에 꿰맨다. 테두리를 꽃으로 장식하고 고무줄을 연결한다.

스틱 마스크

펠트에 안감심지나 빳빳한 펠트를 더해 단단한 손잡이를 만든다. 다보를 25cm로 자르고 펠트를 4×5cm로 자른다. 가면을 뒤집고 다보 끝을 마스크 오른쪽에 붙인다. 펠트를 다보에 핀으로 고정하고 가면에 꿰맨다. 여기에 다보를 끼우면 끝이다.

돼지 코

5×7.5cm의 분홍색 펠트 2장을 자른다. 모서리를 둥글게 만들고 꿰맨다. 검은 타원형 펠트를 2.5×1.25cm로 2장 잘라 돼지 코 위에 바느질하여 콧구멍을 만들고 고무줄을 매단다.

라이온 마스크

귀를 둥글게 만들고 검은 펠트에서 2.5cm의 삼각형을 잘라 꿰맨다. 2.5×5cm의 주황색 펠트를 몇 조각 자르고 머리 주위로 둘러 꿰매 사자 갈기를 만든다.

광대 모자

기본 디자인은 176쪽을 보세요.

파티용 모자

광대 모자를 참고하여 서로 대조되는 색상의 펠트로 방울을 넉넉하게 만들어 모자하단에 꿰매고 하나는 모자 끝에 단다. 파티에 온 아이들을 위해 각기 다른 색상으로 아플리케하여 모자를 만든다.

마법사의 모자

모자 주인공의 머리 치수를 재고 광대 모자를 참고한다. 감청색 펠트로 모자 하단의 가장자리를 45-55cm로 늘려 만든다. 흰 펠트에서 5cm 크기의 별을 잘라 모자에 꿰매거나 붙인다.

공주 모자

모자 주인공의 머리 치수를 재고, 도안을 늘려 분홍색 펠트에서 하단 가장자리 길이를 45-55cm가 되게 자른다. 분홍색 스팽글 리본을 모자 하단에 꿰맨다. 50×12.5cm 길이의 분홍색 망사 천을 잘라 모자 끝에 핀으로 꽂고, 천으로 된 꽃이나 인조 모피, 리본 등을 함께 꿰맨다.

땅속 요정 모자

기본 도안을 따르되, 원하는 크기로 확대하고 방울은 생략한다. 땅속 요정이 쓰는 빨간 모자를 만들려면 모자 끝에서 몇 센티미터 아래로 안감심지를 잘라 모자 끝이 아래로 접혀 고정되게 한다. 나머지는 167쪽에 나오는 "콧수염 니들펠트" 만드는 방법을 따라 진행한다.

마녀 모자

광대 모자 도안과 요술모자 챙(168쪽 참조)을 합하여 마녀 모자를 만든다. 광대 모자 도안의 하단 가장자리를 55cm 길이로 늘리고, 검은 펠트에서 자른다. 요술모자 챙의 도안과 만드는 방법을 참고하여 검은색 원뿔 모양의 하단에 꿰맨다.

일상품

뜨개질 자동차로 거리를 운전하거나,

코바늘 뜬 휴대폰으로 엄마에게 전화를 걸어보자.

모란꽃으로 부케를 만들고

뜨개질 키보드도 연주해보자.

일상의 여러 가지 소품들을

이번 장에서 만들게 될 것이다.

플러시 천 재봉틀plushie sewing machine 응용은 222쪽을 보세요.

재료

- 꽃무늬 천 25cm
- 대조되는 색상의 울 펠트
- 투사지
- 옷핀
- 펠트 천
- 바느질용 실
- 코바늘 4mm
- 소모사 털실, 흰색과 황갈색
- 대바늘 4.5mm
- 옷감용 풀
- 재봉틀이나 바느질용 바늘

완성품 크기 : 길이 23cm
　　　　　　넓이 7.5cm
　　　　　　(솜을 채워서)

만드는 방법

재봉틀 본체

재봉틀 도안을 천에 그리고 자른다. 재봉틀 넓이와 같은 9×95cm 줄을 펠트에서 자른다. 만약 이 길이의 펠트가 없다면 줄을 이어 꿰맨다. 자른 천의 앞면을 맞대고 가장자리를 따라 핀으로 고정한다. 재봉틀 모양에 시접 0.5cm를 남겨 꿰맨다. 완성되면 다른 재봉틀 모양의 줄을 핀으로 고정한다. 겉을 맞대고 시접 0.5cm를 남겨 꿰맨다. 다른 쪽도 반복한다. 천이 만나는 곳은 그대로 두고 속을 채운다. 다 채워지면 0.5cm만큼 안으로 접어 공그르기로 마무리한다.

장식

손잡이 : 코바늘과 흰 털실로 원형뜨기 6코, 빼뜨기한다.

Rnd 1 : ch2, 고리에서 두 번째 ch에 dc6

Rnd 2 : 각 코에 dc2 − 12코

Rnd 3 : [tr1, 다음 코에 tr2] 끝까지 반복 − 24코(작은 손잡이는 여기까지)

Rnd 4 : [tr2, 다음 코에 tr2] − 30코(더 큰 오른쪽 손잡이) 손잡이를 꿰매거나 붙인다.

하얀 펠트에서 작은 원, 직사각형, 바늘 모양을 자른다. 왼쪽 위 사진처럼 바늘을 꿰매고 단추를 풀로 붙인다. 흰 실로 7.5cm 체인을 코바늘뜨기하고 바늘 위에 꿰맨다.

실패 뜨기

대바늘과 황갈색 털실로 CO15, 연결하고 원형으로 3cm 뜬다. BO 하고 마무리한다. 흰 펠트에서 원을 2개 잘라 실패의 위아래를 만든다. 속을 채우고 꿰맨 다음 재봉틀 위에 올려 고정한다.

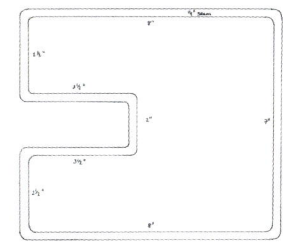

니트 카메라knitted camera

응용은 223쪽을 보세요.

재료

- 털실 : 코튼 플리스
  (cotton Fleece,
  면 80% 메리노 울 20%)
  100g—196m
  (A) 회록색
  (B) 검은색
  (C) 흰색 1타래씩
- 울 펠트, 검은색과 흰색
- 대바늘 4mm
- 바느질용 실, 검은색과
  흰색
- 코바늘 4mm
- 속재료

신축성(멍석뜨기한 경우) :
5코—8단—2.5cm

완성품 크기 : 길이 12cm
높이 9cm
넓이 5cm

만드는 방법

카메라 본체

대바늘과 A로 CO 25코, 멍석뜨기로 19단 뜬다. BO하고 하나 더 만든다. A로 CO 8코, 멍석뜨기로 24cm 뜬다. BO하고 실 끝을 마무리한다. A로 사각형의 양쪽 면과 하단을 따라 가장자리가 바깥에 오게 하여 24cm를 홈질한다. 검은 펠트에서 2.5×12cm 2장, 4×12cm 1장, 2.5×4cm 2장을 잘라 카메라 상단을 만든다. 여기에 4cm와 12cm 가장자리를 꿰매고 옆면도 2.5cm 꿰맨다.

렌즈

코바늘과 C로 다음 같이 뜬다.
Rnd 1 : ch2, 두 번째 ch에 dc6, 연결위해 첫 코에 빼뜨기
Rnd 2 : ch1, 각 코를 둘러 dc2, 연결위해 첫 코에 빼뜨기 12코
Rnd 3 : ch1 [다음 코에 dc2, 다음 코에 dc] 둘러하고, 연결위해 첫 코에 빼뜨기 – 18코

Rnd 4 : ch1 [다음 코에 dc2, 다음 2코에 dc] 둘러하고, 연결위해 첫 코에 빼뜨기, C를 자르고 B를 연결 – 24코
Rnd 5 : ch1 [다음 코에 dc2, 다음 3코에 dc] 둘러하고, 연결위해 첫 코에 빼뜨기 – 36코
렌즈에 사선을 2개 만들어 빛이 반사되는 것처럼 보이게 하고 실을 잘라 마무리한다.

셔터 버튼

4mm 코바늘과 B로 다음과 같이 뜬다.
Rnd 1 : : ch2, 두 번째 ch에 6 dc, 연결위해 첫 코에 빼뜨기
Rnd 2 : ch1, 각 코에 dc2, 연결위해 첫 코에 빼뜨기 – 12코
털실을 잘라 마무리하고 카메라 상단 왼쪽 모서리에 꿰맨다. 흰색 펠트에서 2×1.25cm 직사각형을 잘라 카메라 앞의 우측 모서리에 꿰맨다. 속을 채우고 카메라 본체와 펠트를 핀으로 고정한다. 렌즈를 카메라 앞쪽에 꿰맨다.

핸드폰 크로셰crochet mobile phone

응용은 224쪽을 보세요.

재료

- 털실 : 코튼 플리스
  (cotton Fleece
  면 80% 메리노 울 20%)
  100g–196m
  푸른색 1타래
- 펠트 조각, 검은색과 여러
  가지 환한 색깔
- 자수용 실, 검은색과 흰색,
  여러 가지 환한 색깔
- 코바늘 4mm
- 천과 같은 색상의 실
- 솜
- 옷감용 풀

신축성 : 4½코–5단–2.5cm

완성품 크기 : 넓이 7.5cm
　　　　　　 높이 10cm

만드는 방법

코바늘과 털실로 ch 14코

Row 1 : 두 번째 ch에 dc, 각
ch에 dc하고 돌린다 – 13코

Row 2 : 각 코에 dc하고 돌린
다. 12cm 직사각형이 될 때까
지 반복한다. 털실을 잘라 매
듭짓고 실 끝을 마무리한다.
다른 조각도 동일하게 코바늘
뜨기하고 꿰맬 실을 넉넉히 남
기고 실을 자른다.

9×5.5cm의 검은 펠트를 잘라
핸드폰의 앞면을 만든다. 코바
늘뜨기한 직사각형 위에 놓고
시침질하고 블랭킷스티치한다.
코바늘뜨기한 두 조각을 함께
꿰매고 속을 채운다.

펠트에서 각기 다른 색상으로
1.25cm 정사각형을 12개 잘
라 여러 '앱' 모양을 수놓는다.
앱 조각을 3단 4열로 배열하
고 풀로 붙인다. 여러 아이콘
을 재미있게 붙여보자.

벽시계 펠트felt clock

응용은 225쪽을 보세요.

재료

- 펠트, 빨간색과 터키옥색
- 빳빳한 펠트, 흰색
- 투사지
- 자수용 후프, 25cm
- 바느질용 바늘
- 바느질용 실
- 자수용 실, 흰색과 보라색
- 족집게
- 초크
- 흰색 플라스틱 단추, 2.5cm

완성품 크기 : 지름 25cm 원형

만드는 방법

투사지에 자수용 후프를 놓고 안쪽으로 원을 그리고 숫자를 쓴다. 빨간색 펠트를 자수용 후프에 끼우고 숫자를 시침질한다.

흰색 자수용 실로 펠트와 투사지를 통과시켜 숫자를 사슬뜨기한다. 끝나면 투사지를 제거한다.

자수용 후프에서 펠트를 빼고 가장 안쪽의 후프를 따라 자른 다음 빳빳한 펠트의 바깥쪽 가장자리를 따라 초크로 그린다. 시계를 겉에서 꿰매고 1cm 떨어진 뒤쪽에 빳빳한 펠트를 대고 흰 실로 가장자리를 꿰맨다.

터키옥색 펠트에서 시계의 시침과 분침을 2장씩 잘라낸다. 보라색 실로 모두 블랭킷스티치한다. 침의 하단 가장자리에서 0.5cm 안쪽에 0.5cm 크기의 구멍을 내고 단춧구멍을 만들어 주위를 꿰맨다.

시계의 중앙을 찾아 시침과 분침, 버튼이 맨 위에 올라오게 뒤에서 앞으로 꿰맨다. 실이 구멍을 모두 통과하는지 확인하고 조금 느슨하게 꿰매어 시침과 분침을 돌릴 수 있게 만든다.

실제 크기 : 230% 확대

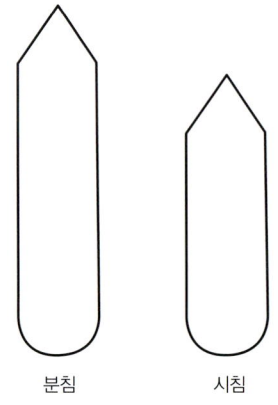

분침   시침

재료

- 털실 : 소모사(울 100%)
  100g−224m
  (A) 터키옥색
  (B) 흰색
  (C) 검정색 1타래씩
- 울 펠트, 흰색과 노란색
- 대바늘 4.5mm
- 태피스트리용 바늘
- 코바늘 4mm
- 펠트용 바늘 38사이즈
- 속재료
- 바느질용 실, 흰색
- 카드보드지
- 패브릭 마커

신축성 : 5코−7단−2.5cm

완성품 크기 : 길이 13cm
　　　　　　넓이 12cm
　　　　　　높이 7.5cm

실제 크기 : 320% 확대

옆 차창(4)

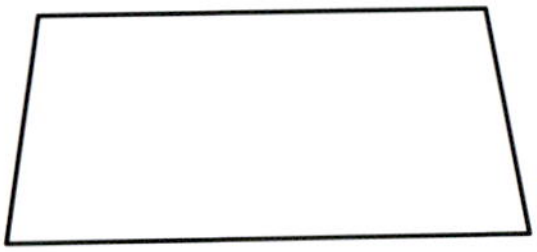

앞뒤 차창(2)

니트 카knitted car

응용은 226쪽을 보세요.

만드는 방법

바퀴

B와 코바늘로 ch 4코 원형뜨기, 연결위해 첫 코에 빼뜨기

Rnd 1 : ch1, 각 코에 dc2, 연결 위해 첫 코에 빼뜨기, B를 자르고 C를 연결 – 8코

Rnd 2 : ch1 [다음 코에 dc, 다음 코에 dc2] 둘러하고, 연결 위해 첫 코에 빼뜨기 – 12코

Rnd 3 : ch1 [다음 2코에 dc, 다음 코에 2dc] 둘러하고, 연결위해 첫 코에 빼뜨기 – 16코

Rnd 4 : ch1, 각 코에 dc, 연결 위해 첫 코에 빼뜨기

Rnd 5 : ch1 [다음 2코에 dc, dc2tog] 둘러하고 연결위해 첫 코에 빼뜨기 – 12코

Rnd 6 : ch1 [다음 코에 dc, dc2tog] 둘러하고 연결위해 첫 코에 빼뜨기 – 8코

Rnd 7 : ch1, dc2tog 둘러하고, 연결위해 첫 코에 빼뜨기 – 4 코, 여분의 실을 남기고, 바퀴 를 3개 더 만든다.

자동차 옆

A와 대바늘로 CO 25코

R1-10 : k 단을 시작해 st st

R11(RS-겉쪽) : BO 5코, k15, BO 5코, 실을 잘라 마무리한다.

R12(WS-뒤쪽) : 남은 코에 털실을 연결해 안뜨기한다.

R13-20 : k단을 시작해 st st, BO하고 마무리한다. 차의 다른 쪽을 위해 다시 k한다.

자동차 하단

C와 4.5mm 대바늘로 CO 15코, 겉뜨기 단을 시작해 32단을 st st, BO하고 마무리한다.

자동차 중간부분

A와 4.5mm 대바늘로 CO 15코. 겉뜨기 단을 시작해 23cm까지 st st, BO하고 꿰맬 실을 남긴다.

합치기

차 가장자리를 자동차 옆면에 핀으로 고정한다. 솔기가 바깥에 오게 A로 박음질한다. 7.5cm 가장자리에서 시작해 23cm의 차 중간부분을 핀으로 고정한다. 한쪽 가장자리는 속을 채우기 위해 열어둔다. 솔기가 바깥에 오게 A로 박음질하고 속을 채운다. 마지막 가장자리를 꿰매고 마무리한다. 펠트용 바늘로 바깥으로 튀어나온 부분을 눌러 부드럽게 만든다. C로 앞뒤에서 2.5cm 들어간 곳에 바퀴를 꿰맨다.

흰 펠트에서 차창 유리 4개를 자른다. 창을 자동차 중간부분 하단에서 5cm 떨어진 곳에 시침질하고 블랭킷스티치한다. 자동차 앞뒤 창문 2개를 하단에서 4cm 떨어진 곳에 시침질하고 블랭킷스티치한다. 노란색 펠트에서 5cm 지름의 원 2개를 잘라 헤드라이트를 만든다. 자동차 하단에서 1.25cm 떨어진 곳에 꿰맨다.

우쿨렐레 sewn ukulele

응용은 227쪽을 보세요.

재료

- 천 : 면 100%
  초록색과 검은색으로
  25cm씩
- 펠트, 흰색과 검은색
- 털실 : 코튼 플리스
  (Cotton Fleece, 면
  80%, 메리노 울 20%)
  100g–196m
  (A) 검정색
  (B) 흰색
  (C) 노란색으로 1타래씩
- 투사지
- 초크
- 옷핀
- 바느질용 바늘
- 천과 동일한 색상의
  바느질용 실
- 재봉틀(선택사항)
- 속재료
- 코바늘 4mm
- 자수용 실

신축성 : 5코–2.5cm

완성품 크기 : 길이 20cm
넓이 6cm
높이 55cm

만드는 방법

본체

녹색 천에 81×1.25cm 길이의 줄을 자와 초크로 그린다. 겉면을 서로 맞대고 가장자리를 따라 줄을 고정하고 하단에 구멍을 남긴다.

양쪽 가장자리를 따라 시접을 V자 모양으로 자르되 솔기를 자르지 않도록 조심한다. 이렇게 하면 안쪽에 공간이 만들어져 솔기가 뭉치지 않는다.

본체의 속을 뒤집고 속을 충분히 채운다. 악기의 목 부분이 휘어지지 않도록 속을 단단히 채우고 열린 부분을 공그른다.

목

검은 천에서 목 부분을 2장 자르고 노란 실을 사용해 우쿨렐레 줄을 직선으로 꿰맨다.

겉면을 맞대고 핀으로 고정한다. 시접을 1cm 남겨 가장자리를 따라 꿰매고 하단 가장자리를 8cm 남긴다. 속을 뒤집고 단단히 속을 채운다.

열린 가장자리를 0.5cm 안으로 접고 우쿨렐레 본체 상단 가운데 핀으로 고정한다. 검은 실로 함께 꿰맨다.

울림통 구멍

A와 4mm 코바늘로

Rnd 1 : dc6 원형뜨기. 첫 ch에 연결위해 빼뜨기

Rnd 2 : ch1, 각 코에 dc 2코씩, 연결위해 빼뜨기 – 12코

Rnd 3 : ch1 [다음 코에 dc, 다음 2코에 dc] 둘러하고, 연결위해 빼뜨기 – 18코

Rnd 4 : ch1 [다음 2코에 dc, 다음 2코에 dc] 둘러하고, 연결위해 빼뜨기 – 24코

Rnd 5 : ch1 [다음 3코에 dc, 다음 2코에 dc] 둘러하고, 연결위해 빼뜨기 – 30코

Rnd 6 : ch1 [다음 4코에 dc, 다음 2코에 dc] 둘러하고, 연결위해 빼뜨기, A를 매듭짓고, C를 연결 – 36코

Rnd 7 : ch1 [다음 5코에 dc, 다음 2코에 dc] 둘러하고 연결위해 빼뜨기 – 42코

실을 자르고 실 끝을 마무리한다. 하단에서 12cm, 상단에서 6cm, 양쪽에서 3cm 떨어진 곳에 울림통 구멍을 핀으로 고정한다. 노란 실로 가장자리를 따라 꿰맨다.

튜닝 헤드

A와 4mm 코바늘로

Rnd 1 : ch2, 두 번째 ch에 dc 4코, 첫 ch에 연결위해 빼뜨기

Rnd 2 : ch1, 각 코에 dc 2코씩, 연결위해 빼뜨기 – 8코

Rnds 3-4 : ch1, 각 코에 dc를 둘러하고, 연결위해 빼뜨기 – 8코, 실을 잘라 실 끝을 안에 숨긴다. 3개 더 만든다. 헤드 왼쪽의 상단 가장자리에

서 1.25cm 아래쪽에 튜닝 헤드를 꿰맨다. 두 번째 튜닝 헤드는 첫 번째 헤드 0.5cm 아래쪽에 꿰맨다. 겉면과 오른쪽에도 동일하게 작업한다.

줄

B를 사용해 50cm 길이의 줄 4개를 만든다. 각 줄의 한 쪽 끝에 매듭을 짓는다.

본체 왼쪽 가장자리에서 6.5cm, 하단에서 5.5cm 떨어진 곳에 매듭지은 줄을 핀으로 고정한다. 나머지 줄을 1.25cm 간격으로 배열하고 핀으로 고정한다. 각 줄을 매듭 바로 위에 흰 실로 꿰맨다. 우쿨렐레를 바닥에 눕히고 가장 왼쪽에 있는 줄을 가장 가까운 튜닝 헤드 쪽으로 적당히 잡아당겨 튜닝 헤드와 만나는 곳에 매듭짓고 남은 실을 자른다. 매듭을 가장자리에서 1.5cm 떨어진 곳의 튜닝 헤드 가운데 핀으로 고정하고 매듭 바로 아래를 꿰맨다. 가장 오른쪽 줄도 동일

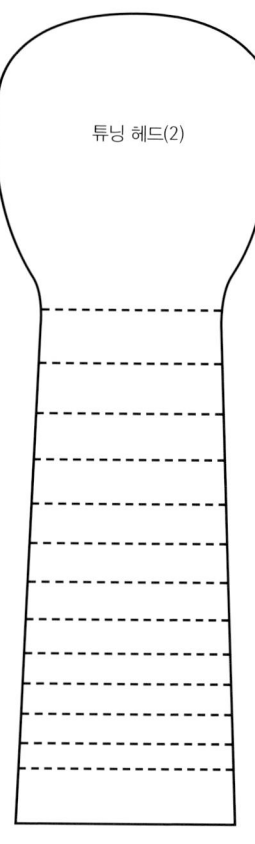

튜닝 헤드(2)

우쿨레레 몸체(2)

실제 크기 : 280% 확대

하게 작업한다. 위의 만드는 방법을 따라 가운데 줄을 가장자리에서 2cm 떨어진 곳에 꿰맨다. 바깥쪽 줄을 1.5cm 안으로 당기고 상단 프렛의 1.25cm 위에 핀으로 고정한다. 안쪽 줄을 바깥 줄 사이에 0.5cm 간격으로 놓는다. 줄을 핀 위치에 꿰맨다.

흰색 펠트를 1×6cm로 자르고 꿰맨 부분 위에 다시 꿰맨다. 검은 펠트를 2.5×7.5cm로 잘라 가운데 놓고 하단 줄 위에 꿰맨다.

C와 코바늘 4mm로 dc 6코를 원형뜨기하고 연결위해 빼뜨기한다. 가운데 줄을 당겨 구멍을 탄탄하게 한다. 3개 더 만들어 머리 부분의 줄 매듭 위에 꿰맨다. 검은 펠트를 2.5×7.5cm로 자르고 하단 줄 위 가운데 놓는다. 검은 실로 가장자리 주위를 박음질한다.

독버섯 니들펠트 needle felt toadstool

응용은 228쪽을 보세요.

재료

- 울 로빙, 빨간색과 흰색으로 각각 15g 정도
- 펠트용 바늘 38 사이즈
- 펠트용 폼 패드
- 천 조각 : 점을 위한 흰색, 이끼용 체크 무늬
- 자수용 실
- 바느질용 바늘
- 속재료

완성품 크기 : 높이 10cm 넓이 5cm

만드는 방법

독버섯 하단

흰색 로빙을 7.5×30cm 잡아당겨 튜브 모양으로 감는다. 한쪽에서 시작해 단단히 감되 양쪽 끝을 안으로 집어넣으며 작업한다. 3×7.5cm 튜브 모양으로 만들어 폼 패드 위에 길게 놓는다. 펠트용 바늘로 단단해질 때까지 전체적으로 찌르며 상-하단을 납작하게 만든다. 하단을 상단보다 조금 넓고 최대한 납작하게 만들기 위해 흰색 로빙을 조금 떼어 하단을 감싼다. 하단이 3cm, 상단은 2.25cm의 지름이 될 때까지 바늘로 찔러 매끈하게 만든다.

독버섯 상단

빨간색 로빙을 5×76cm 잡아당겨 타원형으로 감는다. 폼 패드 위에 놓고 펠트용 바늘로 전체를 찌른다. 형태가 잡히기 시작하면 완전히 단단해지기 전에 바늘로 상단을 둥글게 다듬고 하단을 납작하게 만든다. 형태가 제대로 잡힐 때까지 계속 찌르며 작업한다.

붙이기

독버섯 상단을 거꾸로 잡고 하단의 작은 끝을 캡 위에 놓는다. 펠트용 바늘로 독버섯의 하단과 상단을 사선으로 찌른다. 단단히 연결될 때까지 두 부분을 함께 계속 찌른다.

세부사항

흰 천에서 각기 다른 크기의 원 3개를 잘라 상단에 블랭킷스티치한다. 체크 무늬를 2장씩 잘라 블랭킷스티치한 후 속을 채워 하단에 꿰맨다.

요트sewn boat

응용은 229쪽을 보세요

재료

- 천 : 로버트 카프만 코나 코튼(Robert Kaufman Kona Cotton, 면 100%) 상아색으로 25cm, P&B 스펙트럼 솔리드(P&B Spectrum Solids, 면 100%) 갈색으로 25cm
- 울 펠트, 크림색
- 투사지
- 옷핀
- 바느질용 바늘
- 바느질용 실, 천과 동일한 색
- 재봉틀(선택사항)
- 속재료
- 대나무 꼬챙이 1개
- 마스킹 테이프
- 옷감용 풀
- 0.5cm 넓이의 파란색 리본

완성품 크기 : 길이 18cm
            넓이 10cm
            높이 28cm

만드는 방법

보트

갈색 천에 배를 그리고 자른다. 배 하단 가장자리를 따라 핀을 고정하고 시접을 0.5cm 두고 함께 꿰맨다. 6cm 배 모서리 3개를 핀으로 고정하고 시접을 0.75cm 두고 꿰맨다. 마지막 남은 조각을 상단에 핀으로 고정하고 가장자리를 따라 꿰매되 9.5cm 정도 남긴다.

배의 속을 뒤집고 속을 채워 공그른다. 배 뒤와 옆면에서 4.5cm 떨어진 배 상단에 작은 구멍을 만든다.

울 펠트에서 지름 2cm 원을 잘라 가운데 작은 구멍을 낸다. 26.5cm의 대나무 꼬챙이를 준비하고 끝에 마스킹 테이프로 조금 감는다. 꼬챙이의 마스킹 테이프 쪽이 아래로 오게 잡고 펠트 원과 배 상단의 구멍에 끼우고 풀로 붙인다.

파란색 리본을 46cm 잘라 배에 두르고 풀로 붙인다. 가장자리 올이 풀리지 않도록 가장자리에도 풀을 소량 바른다.

돛대

상아색 천에서 돛 2장을 자른다. 겉면을 맞대고 가장자리 3면을 핀으로 고정한 후 시접을 1cm 두고 꿰매되 하단 우측의 5cm는 그냥 둔다.

속을 뒤집고 열린 부분을 안쪽으로 접어 누른다.

돛 옆면을 따라 가장자리에서 1cm 안쪽을 직선으로 꿰매 꼬챙이를 끼울 공간을 만든다. 열린 부분을 공그르기하여 꼬챙이를 끼운다. 돛 밑에 풀을 조금 발라 고정한다.

실제 크기 : 600% 확대

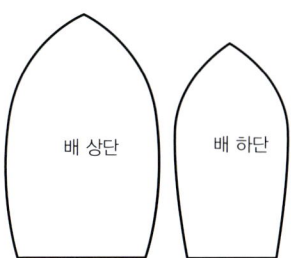

배 상단

배 하단

배 뒷면

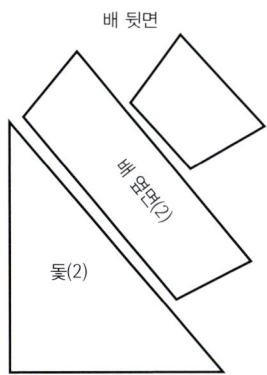

배 옆면(2)

돛(2)

재료

- 털실 : 세퍼드 쉐이드
  (Shepherd's Shades, 울
  100%) 100g–120cm
  (A) 진주색
  (B) 빨간색 1타래씩,
  소모사(울 100%)
  100g–224m
  (C) 검정색 1타래
- 코바늘 6.5mm
- 속재료
- 태피스트리용 바늘
- 옷핀

신축성 : 3코–4단–2.5cm

완성품 크기 : 높이 12cm
　　　　　　　지름 12cm

작은 북 크로셰 crochet drum

응용은 230쪽을 보세요.

만드는 방법

A로 ch2

Rnd 1 : 두 번째 ch에 dc8

Rnd 2 : 각 코에 dc2 뜬 후, 연결위해 빼뜨기 – 16코

Rnd 3 : ch1 [다음 코에 dc, 다음 코에 dc2] 둘러하고 연결위해 빼뜨기 – 24코

Rnd 4 : ch1 [다음 코에 dc2, 다음 코에 dc2] 둘러하고 연결위해 빼뜨기 – 32코

Rnd 5 : ch1 [다음 3코에 dc, 다음 코에 dc2] 둘러하고 연결위해 빼뜨기 – 40코

Rnd 6 : ch1 [다음 4코에 dc, 다음 코에 dc2] 둘러하고 연결위해 빼뜨기 – 48코

Rnd 7 : ch1 [다음 5코에 dc, 다음 코에 dc2] 둘러하고 연결위해 빼뜨기 – 56코

이제 드럼 본체가 만들어진다.

Rnd 8 : ch 1코, 각 코마다 뒤쪽의 안 코에 dc 뜬 후, 연결위해 빼뜨기

Rnd 9 : ch1, 각 코를 둘러 dc 뜬 후, 연결위해 빼뜨기

Rnd 10 : ch1, 각 코를 둘러 dc 뜬 후, 연결위해 빼뜨기, A는 매듭짓고 B를 연결

Rnd 11 : Rnd 8를 반복

Rnds 12–19 : ch1, 각 코를 둘러 dc, 연결위해 빼뜨기

Rnd 20 : ch1, 각 코를 둘러 dc, 연결위해 빼뜨기, B는 매듭짓고 A를 연결

Rnd 21 : ch1, 각 코마다 앞쪽의 바깥 코에 느슨하게 빼뜨기한 후, 연결위해 빼뜨기

Rnd 22 : ch1, 각 코마다 뒤쪽의 안 코에 dc, 연결위해 빼뜨기

Rnds 23–24 : ch1, 각 코를 둘러 dc, 연결위해 빼뜨기

Rnd 25 : ch1, 뒤쪽의 안 코에 [다음 5코에 dc, dc2tog] 둘러하고 연결위해 빼뜨기 – 48코

Rnd 26 : ch1 [다음 4코에 dc, dc2tog] 둘러하고 연결위해 빼뜨기 – 40코

Rnd 27 : ch 1코 [다음 3코에 dc, dc2tog] 둘러하고 연결위해 빼뜨기 – 32코

Rnd 28 : ch1 [다음 2코에 dc, dc2tog] 둘러하고 연결위해 빼뜨기 – 24코, 속을 채우기 시작한다.

Rnd 29 : ch1 [다음 코에 dc, dc2tog] 둘러하고 연결위해 빼뜨기 – 16코

Rnd 30 : ch1, dc2tog, 둘러하고 연결위해 빼뜨기 – 8코

마무리하고 단단히 고정한다. 매듭짓고 실 끝을 안에 숨긴다.

드럼의 지름이 40cm가 되어야 한다. 흰 가장자리 바로 아래 10cm씩 떨어진 점 4개를 핀으로 표시한다. 드럼의 하단에도 동일하게 작업하되 하단의 점이 상단의 점 사이에 놓이게 한다. C를 89cm로 자르고 태피스트리용 바늘로 각 점에 매듭을 만든다. 상단 점에서 하단 점으로 실로 연결해 V자를 만든다. 드럼을 둘러 작업한 후 실 끝을 잘라 안에 숨긴다.

옥나무 니트 knitted money plant

응용은 231쪽을 보세요.

재료

- 털실 : 셰퍼드 쉐이드
  (울 100%) 100g–120m
  (A) 암녹색
  (B) 적갈색 1타래씩,
  소모사(울 85%, 앙고라
  15%) 100g–175m
  (C) 노란색 1타래
- 울과 레이온이 섞인 펠트,
  올리브색
- 대바늘 5mm와 6.5mm
- 속재료
- 파이프 클리너

신축성 : 4코–5단–2.5cm

완성품 크기 : 높이 25cm
          넓이 9cm

만드는 방법

화분

A와 대바늘 6.5mm로, CO 8코
뜨고 대바늘 3개에 나누어 원
형으로 연결한다.

Rnd 1 : k

Rnd 2 : 각 코에 k1f&b – 16코

Rnds 3–5 : k

Rnd 6 : 각 코에 k1f&b – 32코

Rnd 7 : p

Rnds 8–20 : k

Rnds 21–23 : p

Rnds 24–26 : B로 바꾸고 겉뜨기
속을 채우기 시작한다.

Rnd 27 : k2tog 둘러하고 – 16코

Rnds 28–30 : k

R31 : k2tog 둘러하고 – 8코
BO하고 줄기를 꿰맬 여분의 실
을 남기고 자른다.

옥나무

C와 대바늘 5mm로 CO 4코, 코
드 자수로 10cm 뜬다. BO하고
실 끝을 마무리한다. 파이프 클
리너 끝을 구부리고 뜨개질한
코드에 집어넣는다. 파이프 클
리너가 다 안 들어갈 것이다.
나뭇잎 도안을 따라 나뭇잎 10
장을 두 겹씩 자른다. 자수용
실로 각 나뭇잎의 가장자리를

하단에서 시작해 하단에서 끝
나도록 박음질한다. 박음질이
끝나면 남은 실로 각 나뭇잎을
1.25cm씩 떨어져 반대쪽을 향
하게 꿰맨다. 줄기 안에 끝을
숨긴다.
파이프 클리너 하단을 구부리
고 화분의 가운데 구멍에 넣는
다. 남은 적갈색 털실로 조금
꿰매어 줄기를 고정시킨다.

실제 크기 도안

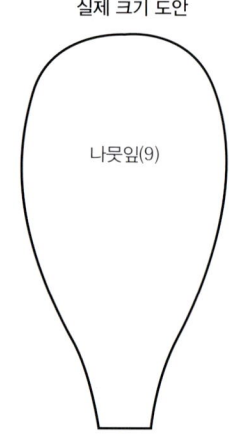

나뭇잎(9)

해머 크로셰 crochet/sewn hammer

응용은 232쪽을 보세요.

재료

- 털실 : 소모사(울 100%)
  100g–224m
  빨간색 1타래
- 펠트, 연회색 23×30cm 1장
- 코바늘 4mm
- 태피스트리용 바늘
- 속재료
- 카드보드지
- 옷핀
- 재봉틀(선택사항)
- 바느질용 바늘
- 바느질용 실
  회색과 빨간색
- 패브릭 마커

신축성 : 5코–6단–2.5cm

완성품 크기 : 길이 12cm
              넓이 3cm
              높이 28cm

만드는 방법

손잡이

털실과 코바늘로 ch6

Rnd 1 : 두 번째 코에서 시작, 다음 ch5에 dc, 마지막 ch에 dc2

Rnd 2 : 뒷면을 이어서 작업한다. 다음 ch5에 dc, 마지막 ch에 dc2

Rnd 3 : 타원형으로 둥글게 작업한다. [다음 5코에 dc, 다음 2코에 dc2] 2회 – 18코

14cm가 될 때까지 각 코를 둘러 dc한다. 털실을 잘라 마무리하고 속을 채운다.

헤드

해머 헤드 도안을 따라 그린다. 펠트의 겉면을 맞대고 반으로 접어 해머 헤드 2장을 자른다. 가장자리를 핀으로 고정하고 하단 가장자리는 놔둔다. 시접을 0.5cm 남기고 가장자리를 따라 꿰맨다.

속을 뒤집고 모서리를 잡는다. 속을 채우고 펠트의 가장자리가 손잡이 열린 곳의 1.25cm 아래 놓이도록 하고 손잡이의 안쪽 상단에 핀으로 고정한다.

빨간 실로 두 조각을 함께 꿰맨다. 실 끝을 안에 숨긴다.

실제 크기 : 330% 확대

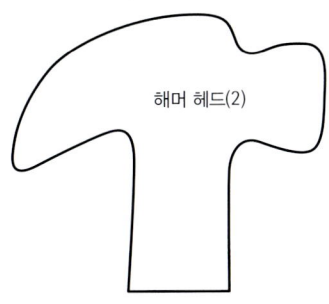

해머 헤드(2)

비행선 니트knitted airship

응용은 233쪽을 보세요.

재료

- 털실 : 프라이드 벌키
  (Pride Bulky, 울 85%
  앙고라 15%) 100g−114m
  주흥색으로 1타래
- 대바늘 6.5mm
- 속재료
- 태피스트리용 바늘

신축성 : 3.5코−4.5단−2.5cm

완성품 크기 : 길이 16.5cm
　　　　　　　넓이 8.25cm
　　　　　　　높이 8.25cm

만드는 방법

CO 8코, 대바늘 3개에 나누고 pm, 원형으로 연결한다. 원형을 하면서 꼬리 끝까지 뜬다.

Rnd 1과 홀수 단 : k

Rnd 2 : [k4, m1] 2회 − 10코

Rnd 4 : [k5, m1] 2회 − 12코

Rnd 6 : [k6, m1] 2회 − 14코

Rnd 8 : [k7, m1] 2회 − 16코

Rnd 10 : [k8, m1] 2회 − 18코

Rnd 12 : [k9, m1] 2회 − 20코

Rnd 14 : [k10, m1] 2회 − 22코

Rnd 16 : [k11, m1] 2회 − 24코

Rnd 18 : [k12, m1] 2회 − 26코

Rnd 20 : [k13, m1] 2회 − 28코

Rnd 22 : [k14, m1] 2회 − 30코

Rnd 24 : k

Rnd 26 : [k3, k2tog] 6회 − 24코

Rnd 28 : [k2, k2tog] 6회 − 18코 속을 채우기 시작해 끝까지 채운다.

Rnd 30 : [k1, k2tog] 6회 − 12코

Rnd 32 : k2tog 둘러하고 − 6코 실을 자르고 6코에 실을 꿰어 실 끝을 마무리한다.

날개

CO 5코, 가터뜨기로 5단 뜬다. 꿰맬 여분의 실을 남기고 BO한다. 날개를 3개 더 뜨고 균등하게 배열한 후 비행선의 뾰족한 끝 주위를 꿰맨다. 실 끝을 마무리한다.

모란 패브릭 fabric peonies

응용은 234쪽을 보세요.

재료

- 털실 : 소모사(울 100%) 100g−224m 진초록으로 1타래
- 면 100% 천, 옅은 분홍색으로 25cm
- 울 로빙, 7g
- 펠트용 바늘 38 사이즈
- 바느질용 바늘
- 펠트용 폼패드
- 바느질용 실, 분홍색
- 대바늘 4.5mm
- 철사 18−게이지
- 자수용 실, 녹갈색

완성품 크기 : 길이 10cm
　　　　　　 넓이 15cm

꽃잎(10)

실제 크기 : 480% 확대

만드는 방법

모란꽃봉오리

48쪽의 바늘꽂이 만드는 방법을 따라 흰색 로빙으로 5cm 지름의 공을 펠트하여 모란의 중심을 만든다. 옅은 분홍 천에서 꽃잎 10장을 자른다. 펠트한 공을 가운데 놓고 꽃잎을 서로 엇갈리게 배열한다. 분홍색 실로 꽃 바깥 하단에서 중심 부분으로 꿰매고 꽃잎을 펼친다. 꽃잎 4장을 안쪽 중심으로 밀어 넣고 몇 땀 꿰매 고정시킨다. 실 끝을 숨긴다.

줄기

털실과 대바늘로 CO4코, 코드 자수로 25cm 겉뜨기, 꽃받침을 만들기 위해 다음 같이 작업한다.

R1 : 각 코를 둘러 k1f&b, 대바늘 3개에 나눈 후 원형으로 연결 − 8코

Rnd 2 : k

Rnd 3 : 각 코를 둘러 k1f &b − 16코

Rnd 4 : k

Rnd 5 : 각 코를 둘러 − 32코

Rnds 6−10 : k

BO하고 실 끝을 마무리한다.

철사를 50cm로 자른다. 큰 바늘로 꽃잎 하단에 구멍을 뚫고 철사를 넣는다. 5cm 구부려 줄기를 감는다. 철사의 반대쪽 끝을 구부려 둥글게 만든다. 뜨개질한 줄기의 넓은 끝부분이 상단에 오게 철사를 통과시킨다. 줄기를 녹갈색 실로 꽃의 하단에 꿰맨다. 철사를 줄기 하단 쪽에서 구부려 털실 고리 사이로 밀어 넣고 고정한다.

키보드 니트 knitted keyboard

응용은 235쪽을 보세요.

재료

- 털실 : 세퍼드 쉐이드
  (Shepherd's Shades,
  울 100%) 100g−120m
  (A) 빨간색
  (B) 흰색 1타래
  코튼 플리스(Cotton Fleece,
  면 80% 메리노 울 20%)
  100g−196cm
  (C) 검정색 1타래
- 펠트, 검은색
- 대바늘 6.5mm
- 속재료
- 태피스트리용 바늘
- 코바늘 3.75mm
- 초크
- 바느질용 바늘
- 바느질용 실, 검은색
- 옷감용 풀(선택사항)

신축성 : 4코−5단−2.5cm

완성품 크기 : 길이 33cm
넓이 6cm
높이 14cm

만드는 방법

앞

A로 CO 48코 뜬다.

R1-10 : 겉뜨기를 시작해 st st

R11(RS) : k6, B로 바꾸고 k36,
A로 바꾸고 k6

R12-30 : 11단의 색상 패턴을
따라 st st

A로 BO하고 꿰맬 여분의 실
을 남긴다.

뒤

A로 CO 48코, 겉뜨기를 시작
해 st st로 30단 작업한다. BO
하고 실 끝을 마무리한다.

안을 맞대고 가장자리를 메리
야스 잇기한다(솔기는 뒤집어
져 안쪽에 있을 것이다). 짧은
가장자리 하나는 열어둔다. 속
을 채우고 꿰매어 봉한다. 실
끝을 안으로 숨긴다.

키

C로 ch12, 매듭지을 여분을 남
기고 실을 자른다. 이렇게 키
줄을 6개 만든다. C로 ch20, 매
듭지을 여분을 남기고 실을 자
른다. 이렇게 키 줄을 2개 만
든다. 작업한 키 줄을 키보드
의 흰색 부분에 2.5cm 간격으
로 고정하고 하단의 가장자리
와 정렬한다. 줄을 왼쪽에서부
터 다음과 같이 고정한다. 짧
은 줄 2, 긴 줄 1, 짧은 줄 3,
긴 줄 1, 짧은 줄 1. 남은 털실
을 살짝 당겨 실 끝을 키보드
에 매듭짓는다. 검은 실로 꿰
매 고정한다.

검은 펠트에서 5.5×2cm 크
기의 키를 6장 그리고 자른
다. 키를 짧은 키 줄 위에 놓
고 풀로 고정하거나 시침질한
다. 검은 실로 각 키의 가장자
리를 둘러 블랭킷스티치한다.

재료

- 털실 : 세퍼드 쉐이드 (Shepherd's Shades, 울 100%) 100g–120m 노란색 1타래
- 울 펠트, 회색
- 코바늘 6.5mm
- 속재료
- 태피스트리용 바늘
- 옷감용 풀
- 자수용 실, 흰색
- 바느질용 바늘

신축성 : 3코–4단–2.5cm

완성품 크기 : 길이 18cm
넓이 7.5cm
높이 10cm

실제 크기 : 200% 확대

프로펠러(4)
창문(6)
가운데 프로펠러

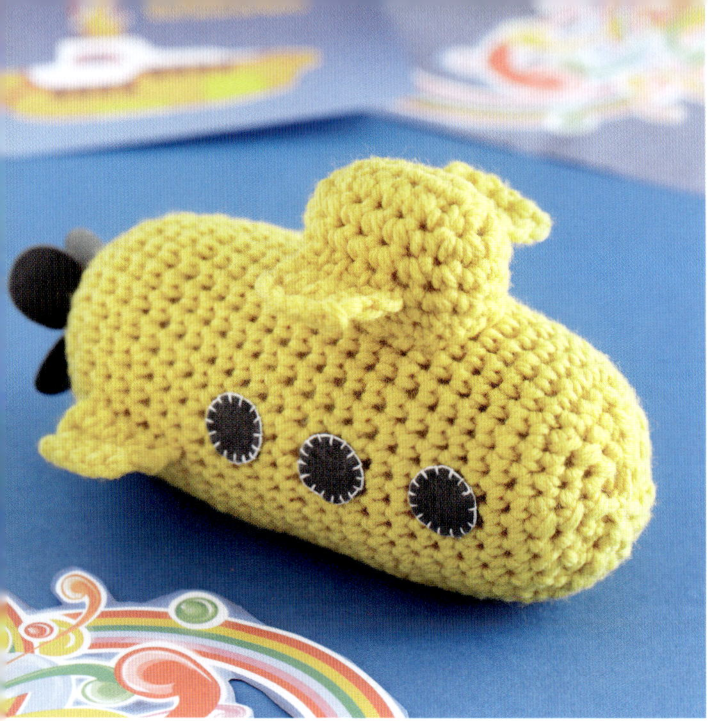

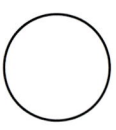

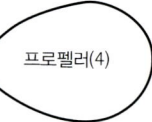

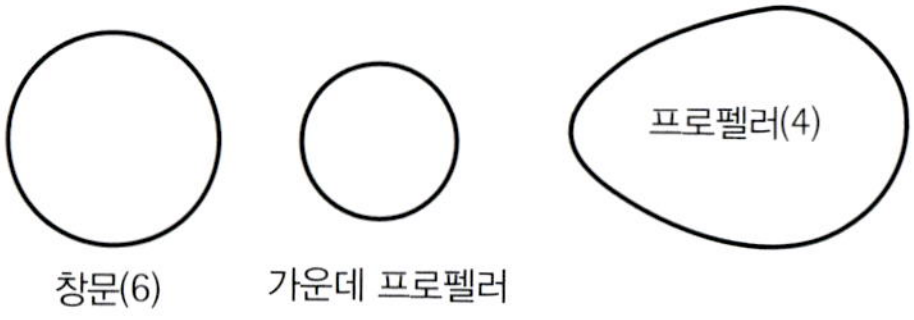

잠수함 크로셰crochet submarine

응용은 236쪽을 보세요.

만드는 방법

잠수함 본체

dc8 원형뜨기, 첫 dc에 연결위해 빼뜨기

Rnd 1 : ch1, 각 코를 둘러 dc2, 첫 dc에 연결위해 빼뜨기 - 16코

Rnd 2 : ch1 [다음 코에 dc, 다음 코에 dc2] 둘러하고 첫 dc에 연결위해 빼뜨기 - 24코

Rnd 3 : ch1 [다음 2코에 dc, 다음 코에 dc2] 둘러하고 첫 dc에 연결위해 빼뜨기 - 32코

Rnds 4-25 : ch1, 각 코에 dc, 첫 dc에 연결위해 빼뜨기
속을 채우기 시작한다.

Rnd 26 : ch1 [다음 2코에 dc, dc2tog] 둘러하고 첫 dc에 연결위해 빼뜨기 - 24코

Rnd 27 : ch1 [다음 코에 dc, dc2tog] 둘러하고 첫 dc에 연결위해 빼뜨기 - 16코

Rnd 28 : ch1, dc2tog 둘러하고 첫 dc에 연결위해 빼뜨기 - 8코

실을 잘라 마무리한다.

타워

코바늘과 털실로 ch 7코, 돌린다.

R1 : 두 번째 코에서 시작해 다음 6코에 dc, 마지막 코에 dc2, 돌린다.

R2 : 코 뒤쪽 가장자리에서 이어나가며 dc6하고 마지막 코에 dc2

Rnd 3 : 원형으로 dc6, 다음 2코에 dc2, dc6, 다음 2코에 dc2, 첫 번째 dc에 연결위해 빼뜨기 - 20코

Rnds 4-7 : ch1, 각 코에 dc, 첫 번째 dc에 연결위해 빼뜨기
꿰맬 여분의 실을 남기고 자른다.

날개

A로 ch5, 돌린다.

R1 : 두 번째 코에서 시작해 다음 4코에 dc, 돌린다.

R2-4 : ch1, 다음 4코에 dc, 돌린다.

꿰맬 여분의 실을 남기고 자른 후 3개 더 만든다.

합치기

날개를 타워의 한쪽에 꿰매고 실 끝을 마무리한다. 타워의 속을 채우고 잠수함 앞부분에서 4cm 떨어진 곳부터 상단까지 꿰맨다. 잠수함 한쪽에 날개를 놓고 뒤에서 1.25cm 떨어진 곳에 꿰맨다.

회색 펠트에서 프로펠러 4장을 자른다. 프로펠러 끝을 살짝 자르고 함께 꿰맨다. 잠수함의 뒤쪽 중앙에 꿰맨다. 회색 펠트에서 지름이 1.25cm인 원을 자르고 프로펠러 중심에 풀로 붙여 꿰맨 부분을 숨긴다. 둥근 창을 만들기 위해 회색 펠트에서 원을 6장 잘라낸다. 둥근 창을 타워의 3cm 아래 중간 부분에 배열한다. 핀으로 고정하고 흰 실로 박음질한다. 다른 쪽도 동일하게 작업한다.

일상품   219

선인장 크로셰crochet cactus

응용은 237쪽을 보세요.

재료
- 털실 : 소모사(울 100%)
  100g~224m
  (A) 주홍색
  (B) 회녹색
  (C) 진분홍 1타래씩
- 코바늘 4mm
- 바느질용 실
- 속재료

신축성 : 5코~6단~2.5cm

완성품 크기 : 높이 12cm
          넓이 7.5cm

만드는 방법

선인장
B로 ch16

R1 : 두 번째 코에 dc, 다음 15코는 뒤쪽 고리만 dc, 돌리고 – 15코

R2~25 : ch1, 다음 15코는 뒤쪽 고리만 dc한 후, 돌린다. 7.5cm 가장자리를 함께 빼뜨기하고 솔기 끝을 숨긴다. 한쪽 가장자리를 따라 홈질하고 선인장 상단에 가장자리를 잡아당겨 고정시킨다.

화분
A로 ch 2코

R1 : 두 번째 코에 dc8

R2 : 각 코에 htr2, 연결위해 빼뜨기 – 16코

Rnd 3 : ch2, 같은 코에 htr(다음 코에 htr2, 다음 코에 htr) 둘러하고, 연결위해 빼뜨기 – 24코

Rnd 4 : ch1, 이전 단의 첫 코 뒤쪽 올라온 부분 아래 dc. V자가 아니라 올라온 부분 아래로 하단을 납작하게 작업한다.

Rnds 5~8 : ch2, 같은 코에 htr, 다음 23코에 htr, 연결위해 빼뜨기

Rnd 9 : ch2, 같은 코에 htr, 다음 코에 htr, [다음 코에 htr2, 다음 2코에 htr] 둘러하고 돌려 두 번째 코에 연결위해 빼뜨기 – 32코

Rnd 10 : ch2, 같은 코에 htr, 다음 31코에 htr, 연결위해 빼뜨기

Rnd 11 : ch2, 같은 코에 htr, 다음 2코에 htr, [다음 코에 2 htr, 다음 3코에 htr] 둘러하고 돌려 두 번째 코에 연결위해 빼뜨기 – 40코

Rnd 12 : ch2, 같은 코에 htr, 다음 39코에 htr, 연결위해 빼뜨기, 꿰맬 실을 남기고 자른다.

선인장 꽃
C로 dc6 원형뜨기, 첫 dc에 연결위해 빼뜨기

Rnd 1 : ch1 [다음 코에 dc, ch5, 같은 코에 dc] 둘러하고 연결위해 빼뜨기, 꿰맬 실을 남겨 자른다. 하나 더 만든다.

합치기
화분의 가장자리를 2cm 아래로 접어 홈질한다. 속을 채우고 선인장 하단을 화분용 털실로 화분의 상단에 꿰맨다. 털실을 다시 화분의 중앙을 통과시켜 위로 당겨 화분이 세워질 수 있도록 만들고 상단에 매듭지어 고정한다. 꽃을 모두 선인장의 상단에 꿰맨다.

응용

플러시 천 재봉틀

기본 디자인은 *189쪽*을 보세요.

재봉틀 패치워크

남은 천 조각을 활용해 재봉틀을 만들어보자. 천의 가장자리를 눌러 모두 꿰매도안 크기보다 큰 천을 만든다. 플러시 천 재봉틀 만드는 방법을 따라 도안을 자르고 꿰맨다.

펠트 버튼

펠트에서 지름 5cm의 원 2개를 자르고 중앙에 구멍 2개를 낸다. 펠트와 대조되는 색상의 실로 펠트 2장의 가장자리를 따라 홈질하여 꿰맨다. 구멍 주위를 같은 색실로 작게 땀을 떠서 감친다.

플러시 천 가위

투사지에 가위를 놓고 따라 그린다(벌리거나 오므린 상태 모두 가능). 시접을 0.5cm 두고 천을 자른다. 안쪽 면이 위를 보게 핀으로 고정하고 5-7.5cm를 남겨 꿰맨다. 뒤집고 속을 채워 공그르기로 봉한다.

펠트 골무

펠트를 6×3cm 크기로 자른다. 3cm 길이의 가장자리를 함께 꿰매 튜브 형태를 만든다. 펠트에서 2cm 크기의 원을 자르고 튜브의 상단에 꿰맨다. 금속 골무의 느낌을 주기 위해 상단을 조금 꿰맨다.

버튼 손잡이

뜨개질과 펠트 손잡이 대신 빈티지 느낌의 버튼을 만들어 재봉틀에 단다.

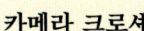
응용

카메라 니트

기본 디자인은 *190*쪽을 보세요.

카메라 크로셰
7.5×12.5cm 직사각형 2개와 4×40cm 줄 1개를 코바늘뜨기한다. 줄을 직사각 양쪽에 고정하고 꿰매 속을 채워 봉한다. 기본을 참고해 렌즈, 버튼, 플래시를 만든다.

SLR 카메라 니트 & 크로셰
렌즈 만드는 방법을 따르다가 5단 이후 다음과 같이 작업한다. Rnd 6 : ch1, 각코를 둘러 뒤쪽 고리에 dc, 연결위해 빼뜨기(36코). 5cm 높이가 될 때까지 각 코를 둘러 dc. 꿰맬 털실을 남겨 자르고 카메라 앞 중앙에 단다. 속을 채워 봉한다.

카메라 끈 크로셰
5×63cm로 코바늘뜨기하여 끈을 만든다. 펠트에서 5cm 정사각형 4장을 자르고 하단을 삼각형으로 자른다. 2장을 함께 꿰매고 상단의 가장자리 5cm와 끈 5cm를 꿰맨다. 다른 쪽도 동일하게 작업한다. 삼각형의 꼭지점 위에 단춧구멍을 만든다. 카메라의 상단 한쪽에 단추를 달고 끈을 단추에 꿴다.

폴라로이드 펠트
흰 펠트로 12.5cm의 정사각형 본체를 만들고 12×3cm의 검은 줄을 잘라 하단 가장자리에 꿰맨다. SLR 카메라 렌즈 만드는 방법을 따라 만든 후 정사각형의 가운데 꿰맨다. 검은 펠트에서 2.5cm 정사각형을 잘라 뷰파인더를 만들어 상단 좌측 모서리에 꿰맨다. 펠트에서 2.5cm의 검은 원과 빨간 원을 잘라 버튼을 만들고 렌즈의 좌측에 검은색을, 우측에 빨간색을 꿰맨다.

폴라로이드 프린트 펠트
프린트를 9×11cm로 자르고 실제 프린트는 7.5cm의 정사각형으로 만들어 프레임 가까이 놓는다. 집이나 나무, 해, 강아지 등을 잘라 7.5cm 프레임에 꿰맨다.

응용

핸드폰 크로셰

기본 디자인은 193쪽을 보세요.

태블릿

핸드폰 크기를 2배로 확대해 태블릿을 만든다. 파란색 대신 검은색 털실을 태블릿 하단에 사용한다.

니트 스마트폰

7.5×10cm 크기 직사각형을 2장 겉뜨기한 후 함께 메리야스뜨기로 잇는다. 속을 살짝 채우고 꿰매어 봉한다. 핸드폰 크로셰 만드는 방법을 참고하여 스크린과 애플리케이션을 만든다.

플립 폰

펠트에서 5×7.5cm 크기 2장을 잘라 스크린과 키보드를 만든다. 키패드에 숫자 모양을 꿰매고 대조되는 색실로 전화번호를 수놓는다. 5×7.5cm 크기의 직사각형 2장을 코바늘뜨기하고 펠트로 된 사각형을 직사각형에 꿰맨다. 속을 채우기 전에 강력자석 2개를 모서리에 넣어 폰이 잘 접히도록 한다.

게임기

핸드폰 도안을 따라 만들되 여러분이 좋아하는 게임을 화면에 수놓는다.

사운드 칩 핸드폰

소리 나는 폰을 만들기 위해 폰 가운데 사운드 칩을 넣고 봉한다.

응용

벽시계 펠트

기본 디자인은 194쪽을 보세요.

손목시계

지름 5cm 원으로 만들고 숫자를 작게 수놓은 후 가운데 0.5cm의 단추를 단다. 천 밴드를 시계 뒤에 붙이고 단추 고리를 달아 손목에 찰 수 있게 한다.

벨크로(velcro) 숫자시계

시계 위에 떼었다 붙였다 할 수 있는 숫자를 만들어 아이들이 숫자를 배울 수 있 게 해보자. 원으로 만든 펠트에 시계의 숫자를 수놓고 펠트의 뒷면과 시계 앞면 에 고리 단추를 단다.

시계 크로셰

지름 25cm의 원 2개를 코바늘뜨기하고 빳빳한 펠트로 만든 지름 25cm 원을 사이 에 끼운다. 가장자리를 꿰매고 숫자와 시침은 벽시계 펠트 만드는 방법을 따른다.

쿠쿠 시계

대조되는 색상의 빳빳한 펠트에서 넓이 35.5cm, 높이 46cm의 집 모양을 자른다. 펠트 가운데 시계를 꿰맨다. 빳빳한 펠트를 펠트 사이에 놓고 함께 꿰맨다. 노란 펠트에서 5 × 10cm 크기의 솔방울 모양 4장을 잘라 2겹을 함께 꿰매고 시계 아 래 각기 다른 길이로 매단다.

주머니시계

이상한 나라의 엘리스에 나오는 토끼의 커다란 주머니시계를 만들어보자. 시계 지름을 15cm로 바꾸고 자수 도안을 따라 숫자를 장식한다. 시계에 맞도록 시침 의 크기를 바꾼다. 시계 상단에 털실 고리를 만들고 64cm 사슬뜨기하여 고리에 연결하고 옷에 매단다.

응용

니트 카

기본 디자인은 *197*쪽을 보세요.

스쿨버스 크로셰

코바늘뜨기로 18×7.5cm의 노란 버스 옆면을 2장 만들고, 33×7.5cm 줄을 만들어 7.5와 18cm 가장자리에 꿰맨다. 바닥은 검은색으로 18×7.5cm 뜨고, 함께 꿰매 속을 채운다. 검은 펠트로 앞뒤 창, 문, 작은 창을 잘라 꿰맨다. 버스 옆면에 검은색으로 2줄 사슬뜨기한다. 바퀴를 걷뜨기하고 버스에 꿰맨다.

캠핑 트레일러

펠트에서 7.5×10cm의 직사각형을 2장 자르고 모서리를 둥글게 다듬어 옆면을 만든다. 옆면의 가장자리를 따라 꿰맬 7.5cm 넓이의 펠트 줄을 만든다. 함께 꿰매고 속을 채운 후 봉한다. 펠트로 만든 창문과 문을 꿰맨다. 자동차 니트처럼 타이어를 2개 만든다. 자동차에 걸 수 있도록 트레일러 앞면 하단에 펠트로 고리를 만들고 자동차에도 작은 고리를 만들자.

나무바퀴

자동차 옆으로 15cm 나무 다보를 2개 넣고 양쪽 끝에 나무로 된 바퀴를 고정시킨다. 움직이는 자동차가 만들어진다.

경찰차

기본 도안을 따르되, 후드와 트렁크에는 검은색, 옆문과 윗면에는 흰색 털실을 사용한다. 차 위에 니들펠트로 파란색, 흰색, 빨간색 라이트를 만든다.

택시

샛노란 털실로 택시를 만들자. 검고 노란 체크무늬 리본을 옆 창문 아래 꿰매 장식한다. 펠트 조각에 "TAXI"라고 수놓고 택시 위에 단다.

응용

우쿨렐레

기본 디자인은 *198쪽*을 보세요.

어쿠스틱기타

기타 줄을 6개 만들고 추가된 줄을 위해 상단에 튜닝 헤드 2개를 더 붙인다.

일렉트릭기타

기본 도안을 따르되, 위를 뿔처럼 뾰족하게 하고 왼쪽을 오른쪽보다 길게 만든다. 위에 줄을 6개 만들고 튜닝 헤드를 2개 더 만든다. 줄로 옆면을 덮고 줄무늬나 번개장식을 붙이자.

바이올린

갈색 천을 사용하고 프렛 선은 생략한다. 악기 목 하단은 본체에서 ⅓ 내려온 곳에 꿰맨다. 상단은 반으로 좁아지게, 울림통은 생략, 양쪽에 "f"자를 수놓는다. 펠트에서 6×5cm를 2장 자르고 빳빳한 펠트를 끼우고 꿰매 브리지를 만든다. 하단의 6cm 가장자리를 본체 중심에 가로방향으로 놓고 꿰매 줄을 지탱한다. 본체 하단 ⅓에 끝부분을 지탱하는 줄을 놓고, 248쪽에 나오는 리본을 만들어 맨다.

밴조(banjo)

25cm 흰색 원 2장과 80×6cm 줄의 겉면을 맞대고 꿰매되, 조금 남겨 안팎을 뒤집고 속을 채워 봉한다. 우쿨렐레 도안을 따라 악기의 목 부분과 머리를 만들고 함께 꿰맨다.

사운드 칩

속을 다 채우기 전에 다양한 소리가 나는 사운드 칩을 넣어 색다른 우쿨렐레를 만든다.

독버섯 니들펠트

기본 디자인은 203쪽을 보세요.

버섯딸랑이

빨간 로빙을 충분히 사용하여 징글벨 주위를 두툼하게 감는다. 볼의 크기에 따라 도안보다 다소 크게 만들어질 수도 있다. 독버섯 만드는 방법을 따라 버섯을 니들펠팅하고 하나 더 만든다.

독버섯 요정의 집

흰 펠트에서 지름 15cm의 원 2장과 안감심지를 자르고, 원 주위를 두를 12cm 높이의 직사각형 2장과 안감심지도 자른다. 직사각형 아래 6×7.5cm의 문을 잘라내고 구멍보다 조금 큰 문을 빨간 펠트로 만든다. 우측 가장자리에 문을 꿰매고 단추를 달아 손잡이를 만든다. 독버섯 머리를 느슨하게 니들펠트하여 집 위에 가볍게 올린다. 가장자리를 함께 꿰맨다. 창문을 잘라 꿰매고 세세하게 장식한다.

양송이

독버섯 만드는 방법을 따라 5×4cm 넓이의 양송이를 니들펠트한다. 양송이 머리는 중간 톤의 갈색 울을 사용하고 줄기는 흰색을 사용한다.

팽이버섯

길고 얇은 흰 줄기와 작은 버섯 머리를 니들펠트하여 팽이버섯을 만든다. 줄기를 하단에서 함께 니들펠팅하여 뭉치를 만든다.

포토벨로 버섯

12.5cm 넓이의 버섯 머리와 5cm 넓이의 줄기를 니들펠트하여 포토벨로 버섯을 만든다. 머리는 연갈색 울, 줄기는 진갈색 울을 사용한다. 갈색 실로 아래쪽을 수놓아 무늬를 만든다.

요트

기본 디자인은 204쪽을 보세요.

노 젓는 배

요트 도안을 따르되, 상단의 천과 돛을 생략하여 노 젓는 배를 만든다. 펠트를 두 겹으로 자르고 그에 맞는 안감심지를 자른다. 배의 하단에 옆면과 뒷면 가장자리를 꿰매고 갈색 실로 나뭇결을 수놓는다. 안쪽에 나무 무늬 펠트를 꿰매 앉는 자리를 만든다. 펠트에서 12.5cm로 2장을 잘라 노를 만든다.

해적선

검은 돛에 흰색 해골과 뼈를 아플리케하여 해적선을 만들자. 159쪽의 번개 만드는 방법을 따라 해골과 뼈를 꿰맨다.

카누

배 도안을 따르되, 바닥의 양쪽 끝을 뾰족하게 만들면 카누가 된다. 펠트로 나무 조각을 2개 만들고 안쪽에 꿰매 앉는 자리를 만든다. 12.5cm 길이 노를 만든다.

예인선

돛은 생략하고 배의 상단 앞쪽에 조타실을 만들어 예인선을 만들자. 6cm 크기의 정육면체를 만들어 속을 채우고 배 위에 꿰맨다. 작은 창문을 정육면체의 앞면과 옆면에 꿰맨다.

모터보트

배 뒤에 펠트로 만든 프로펠러를 붙여 모터보트를 만든다. 프로펠러는 219쪽의 잠수함 크로셰 도안을 따른다.

작은 북 크로셰

기본 디자인은 207쪽을 보세요.

탬버린

상단의 흰 부분은 작은 북 도안을 따르고 가장자리는 갈색 털실로 만든다. 높이를 2.5cm 늘리고 실 끝을 마무리한다. 탬버린 가장자리에 은색 징글벨을 꿰맨다.

봉고

드럼 2개를 코바늘뜨기하다가 빨간색으로 바꾼 후 끝까지 뜬다. 검은 줄은 생략하고 펠트 4줄을 사각형의 프리즘 모양으로 꿰맨다. 드럼을 연결하여 봉고를 만든다.

스틸드럼

기본 도안을 따르되, 모두 동일한 색상의 털실을 사용한다. 하단 원을 뜨기 전에 멈추고 실을 잘라 실 끝을 마무리한다. 작은 북 하단보다 조금 더 큰 원을 회색 펠트에서 잘라 드럼으로 구부러지게 만든다. 스틸의 가장자리와 중앙을 둘러 꿰맨다. 스틸과 드럼을 함께 휘감기고 248쪽의 낚싯대 도안을 따라 드럼 스틱을 2개 만든다.

스네어 드럼

코바늘뜨기한 줄을 드럼의 상단에 붙인다. 5cm 넓이의 줄을 드럼이 허리에 오는 정도의 길이로 만들어 드럼에 꿰맨다.

펠트 드럼

작은 북 크로셰와 동일한 크기로 펠트를 바느질하여 드럼을 만든다. 도안에 나온 것처럼 검은 줄로 V자 모양을 꿰맨다. 봉하기 전에 드럼 소리나 딸랑 소리가 나는 사운드 칩을 넣는다.

응용

옥나무 니트

기본 디자인은 208쪽을 보세요.

파리지옥풀

기본 도안을 따라 화분, 흙, 줄기를 만든다. 4×6cm 크기의 펠트를 2장 잘라 모서리를 둥글게 만든다. 자른 펠트의 가장자리 6cm를 꿰매 파리지옥풀의 입을 만든다. 2.5cm 길이의 얇은 이빨을 잘라 식물의 입 가장자리에 꿰맨다.

잔디화분

노란 화분을 대바늘뜨기하고 실을 매듭짓는다. 펠트에서 다양한 길이의 얇은 줄을 잘라 끝을 뾰족하게 다듬는다. 화분을 채울 만큼 잔디가 만들어지면 화분에 심는다. 80쪽에서 만든 메뚜기의 좋은 휴식처가 될 것이다.

분재

기본 도안을 따르되, 화분을 야트막하게 만들고 갈색 나무 몸통으로 분재 느낌을 낸다. 나뭇가지를 코드 자수하고 가운데 파이프 클리너를 끼워서 나무 몸통에 꿰맨다. 나뭇가지에 푹신한 울 로빙으로 나뭇잎을 만든다. 나뭇잎을 살짝 니들펠트하고 가지에 꿰맨다.

새싹

220쪽의 선인장 크로셰 도안을 따라 화분을 만들고 갈색 울 로빙으로 흙을 덮는다. 옥나무 니트 도안을 따르되 줄기를 5cm 높이로 만든다. 잎을 2장 만들어 줄기 상단 끝에 꿰매 작고 귀여운 새싹을 만들자.

바질식물

기본 도안을 따르되, 124쪽 피자 크로셰의 바질 잎 도안을 따라 바질을 만든다.

응용

해머 크로셰

기본 디자인은 211쪽을 보세요.

드라이버 크로셰

망치와 동일한 털실과 펠트로 드라이버를 만든다. 손잡이는 코바늘로 원형뜨기 dc 6코, 각 코에 dc2 뜬다(12코). 10cm까지 각 코를 둘러 dc한다. 회색 펠트에서 11.5×4cm의 "–" 모양을 2장 자른다. 겉면을 맞대고 꿰맨 후 속을 뒤집는다. 속을 채우고 손잡이 안쪽으로 1.25cm를 접어 넣고 꿰맨다.

렌치 크로셰(위 사진)

실제 렌치를 놓고 도안을 좀 더 크게 그린다. 회색 펠트에서 25cm 2장을 자른다. 겉면을 맞대고 시접을 남겨 꿰매되 하단은 열어둔다. 뒤집어 속을 단단히 채우고 공그르기로 봉한다.

톱 펠트

빳빳한 회색 펠트를 25cm 길이로 자르고 작은 삼각 톱니 모양을 만든다. 갈색 펠트를 2장 잘라 안감심지를 끼우고 꿰매 손잡이를 만들고 톱을 그 끝에 단다.

나무망치 크로셰 & 니들펠트

기본 도안을 따르되, 손잡이에 황갈색 털실을 사용한다. 길이 10cm, 지름 5cm의 검은 나무망치 머리 부분을 니들펠트한다(다소 줄어드니 울을 조금 크게 만든다). 만약 조금 작게 만들어졌다면 울을 계속 니들펠트하여 원하는 크기로 만든다.

공구벨트

164쪽의 도적 가면 응용인 닌자 벨트 만드는 방법을 따라 벨트를 만든다. 쇠로 된 D-링을 부착해 벨트를 맬 수 있게 만든다. 톱을 뺀 위의 공구들을 꽂을 수 있도록 고리를 만들어 꿰맨다. 줄자나 못 등을 넣을 수 있는 10×7.5cm 주머니 2개를 붙인다.

비행선 니트

기본 디자인은 212쪽을 보세요.

열기구

48쪽의 바늘꽂이 만드는 방법을 따른다. 하단에 울을 더 붙여 눈물방울을 뒤집은 모양의 열기구를 만들고, 여러 색의 울을 니들펠트하여 줄무늬를 만든다. 펠트로 작은 바스켓을 만들고 열기구에 연결한다. 54쪽의 구름과 함께 모빌에 달거나 바스켓 안에 인형이나 동물을 넣을 수도 있다.

인형의 낙하산

나일론을 11.5×19cm 크기 직사각형으로 자른다. 가장자리를 안쪽으로 0.5cm 접어 꿰맨다. 각 모서리에 20cm 길이의 줄을 매달고 하단에 연결하여 아이들이 인형 몸에 매달 수 있도록 매듭을 만든다(주의 : 인형을 실제로 띄우진 못한다!).

어뢰

비행선 도안을 따르되, 22단 이후 7.5cm만큼 원형으로 30코를 더 겉뜨기한다. 24-30단까지 겉뜨기하고 기본대로 속을 채우고 세세하게 꾸민다.

로켓선(사진)

비행선 도안을 따르되, 본체의 뾰족한 끝부분 양쪽에 날개를 단다. 본체는 파란 틸실, 날개는 빨간 틸실을 사용한다. 펠트에서 원 모양을 잘라 창문을 만들고 본체의 가운데 꿰맨다.

비행선 모빌

7.5cm 길이의 비행선을 4개 니들펠트하되, 원하는 크기보다 조금 더 크게 원형으로 단단히 만든다. 전체를 바늘로 찌르고 꼬리는 앞보다 좁고 둥글게 만든다. 펠트로 날개를 만들어 꼬리에 꿰맨다. 모빌처럼 비행선을 다보 2개에 줄로 매단다.

모란 패브릭

기본 디자인은 215쪽을 보세요.

데이지 크로셰

4-5cm의 노란 공 모양을 니들펠트하여 중심을 만든다. 잠자리 크로셰(84쪽) 도안을 따라 흰 털실과 작은 코바늘로 데이지 꽃잎을 탄탄하고 넉넉하게 만든 다. 두꺼운 철사를 녹색 천으로 감고 옷감용 풀로 고정한다. 철사의 상단을 펠트 공 하단에 걸고 녹색 천으로 꽃 밑과 줄기 부분을 감아 옷감용 풀로 고정한다.

펠트 튤립(사진)

보라색 펠트에서 5×7.5cm의 튤립 잎 6장을 잘라 가장자리를 둥글게 만들고, 4cm 원을 잘라 하단을 만들어 주위에 꽃잎 3장을 놓는다. 각 꽃잎의 하단을 원 형으로 니들펠트한다. 꽃 중심을 위해 흰색 털실로 5cm 공을 니들펠트한다. 공 을 꽃잎 3장 가운데 놓고 주위 꽃잎 하단을 니들펠트한다. 남은 꽃잎 3장을 주 위에 놓고 함께 니들펠트한다. 녹색 펠트에서 3cm 원을 잘라 꽃의 바깥쪽 하단 에 니들펠트한다. 코드 자수로 줄기를 걸뜨기하고 철사를 끼워 연결한다. 펠트 에서 길이 15cm, 넓이 3cm의 잎을 잘라 줄기에 꿰맨다.

해바라기 펠트

7.5cm의 갈색 원을 니들펠트하고 1.25×5cm의 노란 펠트에서 꽃잎을 잘라 원 주위에 꿰맨다.

목련 패브릭

흰색 면에서 10×7.5cm 꽃잎을 6장 잘라 바깥 꽃잎을 만들고 7.5×5cm를 3장 잘라 안쪽 꽃잎을 만든다. 2.5cm 노란 공을 니들펠트하고 프랑스식 매듭을 지어 꽃술 질 감이 나게 만든다. 꽃술 주위에 작은 꽃잎을 꿰매고, 큰 꽃잎 3장은 밑에 꿰맨다. 남 은 꽃잎 3장을 다시 그 밑에 꿰맨다. 모란 도안을 따라 줄기를 만든다.

키보드 니트

기본 디자인은 216쪽을 보세요.

멜로디카 니트

키보드 니트 도안을 따르되, 왼쪽에 펠트로 만든 마우스피스를 붙인다. 흰 펠트로 2.5×12.5cm의 줄을 잘라 짧은 끝 부분을 뒷면 중앙에 꿰매 손잡이를 만든다.

실로폰 크로셰

넓이 2.5cm 높이는 12cm에서 6cm까지, 코바늘로 8개의 실로폰 건반을 무지개 색상으로 뜬다. 2.5×25cm로 튜브 모양을 뜨고 속을 채운다. 끝을 당겨 모으고 매듭지어 고정한다. 25cm 튜브 위에 건반을 고르게 놓고 건반과 튜브를 함께 꿰맨다. 40쪽의 딸랑이 크로셰 도안을 따라 실로폰 채를 2개 만들되 손잡이를 10cm 늘린다. 다보나 튼튼한 철사를 끼운다. 소리 나도록 징글벨 공을 넣고 채의 머리는 단색으로 만든다.

키보드 크로셰

키보드 니트에 맞춰 검은 펠트 2장을 자르고 검은 펠트 한 장에 키보드와 동일한 치수로 흰 직사각형을 꿰맨다. 검은 펠트 키를 잘라 꿰매고 흰 키에는 검은 실로 세로 줄을 수놓는다. 펠트의 상·하단을 블랭킷스티치로 꿰매고 속을 채워 봉한다.

피아노 사운드 칩

키보드 니트 뒤의 펠트 주머니에 피아노 음이 담긴 사운드 칩을 몇 개 넣는다. 아이들에게 계음을 가르쳐주면서 원하는 소리로 바꿀 수도 있다.

악보

흰 펠트를 21.5×28cm로 몇 장 잘라 오선과 높은음자리표를 수놓는다. 펠트에 음표를 꿰매 악보를 만든다. 키보드 뒤에 펠트로 주머니를 만들어 악보를 말아 보관할 수 있게 한다.

응용

잠수함 크로셰

기본 디자인은 219쪽을 보세요.

잠망경

10cm 길이로 코드 자수를 겉뜨기하고 파이프 클리너를 안에 넣는다. 타워에 연결하기 위해 파이프 클리너가 2.5 - 4cm 정도 나오게 한다. 회색 펠트에서 작은 원을 자르고 잠망경 한쪽 끝에 꿰매 유리를 만든다. 다른 끝은 잠수함 타워 상단 중앙에 대고 파이프 클리너를 집어넣고 꿰맨다. 유리에서 2.5cm 떨어진 곳을 수직으로 구부리면 잠망경이 완성된다.

잠수부

140쪽의 해적 크로셰 도안을 따르되, 잠수복을 위해 몸은 노란 털실로 만든다. 팔과 다리 끝은 검은 털실로 부츠와 장갑을 만들어준다. 펠트에서 검은 원을 잘라 마스크를 만들어 얼굴에 꿰맨다. 펠트로 벨트와 산소통을 만들어 등에 매준다.

대왕오징어

87쪽의 문어 크로셰의 응용인 오징어 도안을 따라 잠수함과 함께 할 대왕오징어를 만들자. 21.5cm 파이프 클리너 주위를 코바늘뜨기하여 잠수함을 감싼 오징어다리를 만든다.

수중배경

잠수함과 응용 작품들을 위한 수중배경은 넓이 76cm, 높이 50cm로 만들어 벽에 붙인다. 하단에 황갈색 펠트로 모래를 깔고, 펠트로 만든 산호초, 미역, 조개껍질을 붙인다. 인어 니트의 배경이 되어도 좋다.

커다란 잠수함 크로셰

넓이 120cm, 높이 90cm의 커다란 잠수함을 만들고 밖을 볼 수 있는 원형의 창문과 입구를 만든다. 아이에게 수경을 씌우고 잠수함 놀이를 하자.

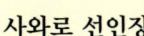

응용

선인장 크로셰

기본 디자인은 220쪽을 보세요.

사와로 선인장

이 선인장은 팔이 위로 뻗은 모양새를 갖고 있다. 선인장 도안을 따라 단을 몇 개 코바늘뜨기하여 팔을 만든다. 마지막 단 코에 실을 통과시켜 매듭짓는다. 파이프 클리너를 넣고 속을 채우고 끝이 5cm 정도 튀어나오게 한다. 끝을 1.25cm 가량 구부려 선인장에 넣는다. 팔 끝을 몸통에 꿰매고 위를 향하게 구부린다. 다른 쪽도 동일하게 작업한다.

선인장 니들펠트

녹색과 주황색 울 로빙으로 선인장을 니들펠트한다. 녹색 울을 튜브형으로 말고 니들펠트하여 높이 7.5cm의 선인장을 만든다. 주황색 울을 말아 선인장을 심을 5cm 높이의 화분을 만든다. 선인장을 화분 위에 올리고 펠팅한다. 선인장 위에 펠트로 만든 꽃을 붙인다.

노란 꽃 선인장

208쪽의 나뭇잎과 유사하되 둥글고 상단이 넓은 잎을 만든다. 기본 도안을 따라 화분을 코바늘뜨기하고 화분을 채울 잎을 충분히 만든다. 베이지색 실로 한쪽 끝은 매듭짓고 펠트를 통과시켜 선인장의 가시를 만든다. 반대쪽에서 매듭지고 실을 2.5cm 남겨 자른다. 몇 번 반복하여 선인장에 모두 가시를 단다. 처음 바늘을 넣은 면은 안, 가시를 만든 면은 바깥에 오게 2장을 붙여 꿰맨다. 잎을 각기 다른 높이로 달고 옷감용 풀로 화분에 고정한다.

사막의 뱀

107쪽의 애벌레 응용을 따라 점무늬를 이중뜨기하거나 줄무늬를 겉뜨기한다. 중간 두께의 철사를 넣고 선인장을 감쌀 뱀을 만든다.

게임 & 운동

운동용 장난감과 게임을 만들어보자.

가족들이 함께 즐길 수 있는

유용한 장난감이 될 것이다.

아령 크로셰crochet dumbbells

응용은 270쪽을 보세요.

재료

■ 털실 : 세퍼드 쉐이드
(Shepherd's Shades,
울 100%) 100g–120m
(A) 하늘색
(B) 연분홍 1타래씩
■ 코바늘 6mm
■ 태피스트리용 바늘
■ 속재료

신축성 : 4코–4½단–2.5cm

완성품 크기 : 길이 16.5cm
넓이 5cm
높이 5cm

만드는 방법

A로 ch2 뜨기

Rnd 1 : 코바늘로 두 번째 코에서 dc8, 연결위해 빼뜨기

Rnd 2 : ch1, 각 코에 dc2씩, 연결해 빼뜨기 – 16코

Rnd 3 : ch1 [다음 코에 dc, 다음 코에 dc2] 둘러하고 연결위해 빼뜨기 – 24코

Rnds 4–8 : ch1, 각 코를 둘러 dc하고, 연결위해 빼뜨기

Rnd 9 : ch1 [다음 코에 dc, skp 1, 다음 코에 dc] 둘러하고 연결위해 빼뜨기 – 16코

속을 채우기 시작해 끝까지 채운다.

Rnd 10 : ch1 [skp1, 다음 코에 dc] 둘러하고 연결위해 빼뜨기 – 8코

Rnds 11–24 : ch1, 각 코를 둘러 dc하고, 연결위해 빼뜨기

Rnd 25 : ch1, 각 코에 dc2, 연결위해 빼뜨기 – 16코

Rnd 26 : ch1 [다음 코에 dc, 다음 코에 dc2] 둘러하고 연결위해 빼뜨기

Rnds 27–31 : ch1, 각 코를 둘러 dc하고, 연결위해 빼뜨기

Rnd 32 : ch1 [다음 코에 dc, skp 1, 다음 코에 dc] 둘러하고 연결위해 빼뜨기 – 16코

Rnd 33 : ch1 [skp1, 다음 코에 dc] 둘러하고 연결위해 빼뜨기 – 8코

실을 자르고 실 끝을 마무리한다. 코바늘과 B로 아령을 하나 더 뜬다.

줄넘기 니트knitted skipping rope

응용은 271쪽을 보세요.

재료

- 털실 : 코튼 플리스
  (Cotton Fleece,
  면 80%, 메리노 울 20%)
  100g-196cm,
  자주색 1타래
- 빨간색 펠트
- 대바늘 3.75mm
- 탄탄한 줄, 275cm
- 안전핀
- 초크
- 줄자
- 컴퍼스
- 바느질용 바늘
- 바느질용 실, 빨간색
- 속재료

아이 키 : 140, 160, 180cm

완성품 크기 : 210, 240, 275cm

만드는 방법

줄넘기 길이를 맞추기 위해 든든한 줄의 중앙을 한 발로 누른다. 줄 끝이 겨드랑이까지 오도록 자른다. 이 길이에 맞춰 코드 자수로 뜬다.

줄

A로 CO 4코, 코드 자수로 210, 240, 275cm 대바늘뜨기한다. BO하고 실 끝을 마무리한다. 코드 자수로 뜨면 신축성이 있기 때문에 탄탄한 줄을 넣어 길이를 유지할 수 있다. 줄의 한쪽 끝에 옷핀을 꽂고 코드 자수 가운데를 통과시켜 반대쪽으로 뺀다.

손잡이

초크와 줄자로 12×7.5cm의 직사각형 2장을 만든다. 컴퍼스로 빨간 펠트에 2.25cm 원 2장, 3.5cm 원 4장을 그리고 자른다.

직사각형의 긴 면을 반으로 접고 12cm 길이 가장자리에 0.75cm의 시접을 두고 꿰매 손잡이를 만든다. 손잡이 2개의 속을 뒤집고 핀으로 고정하고 끝에 2.25cm 펠트 원을 빨간 실로 블랭킷스티치한다. 속을 단단히 채운다.

2.25cm 원 2장을 빨간 실로 블랭킷스티치하여 꿰맨다. 다른 원도 동일하게 작업한다.

대바늘뜨기한 줄의 한 끝을 2.25cm 원 가운데 꿰맨다. 줄의 반대쪽 끝도 동일하게 작업한다.

2.25cm 원 가운데 손잡이의 열린 끝을 놓고 꿰맨다. 다른 쪽 손잡이도 동일하게 작업한다.

체크무늬 엮기woven chequers

응용은 272쪽을 보세요.

재료

- 털실 : 소모사(울 100%)
  100g~224m
  (A) 빨간색
  (B) 검은색 1타래씩
- 펠트 : 빨간색 45cm, 검은색
  25cm, 흰색 25cm
- 30cm 자
- 초크
- 칼
- 재단대
- 옷핀
- 바느질용 바늘
- 재봉틀(선택사항)
- 바느질용 실, 펠트와 같은색
- 옷감용 풀
- 코바늘 4mm
- 태피스트리용 바늘

완성 보드 크기 : 25cm 정사
각형

완성품 크기 : 지름 2.5cm 원

만드는 방법

게임보드

자와 초크로 빨간 펠트에서 25cm 정사각형 2장을 자른다. 정사각형 1개의 안쪽 가장자리에 2.5cm의 테두리를 표시하고 2.5×20cm의 세로 열 8개를 그린다. 펠트를 조금 접고 테두리 안쪽에 세로 선 8개를 자른다.

검은 펠트에서 24×2.5cm 줄을 8개 자른다.

빨간 보드를 뒤집고 검은 줄을 세로 열의 앞뒤로 교차시켜 짠다. 검은 줄의 남은 부분을 안쪽에 넣을 수 있도록 상단에 구멍을 길게 자른다. 체크무늬를 위해 반대쪽도 번갈아하고 잘 펴준다. 검은 줄의 양끝을 핀으로 고정하고 빨간 실로 양쪽을 홈질하거나 검은 줄을 따라 재봉틀로 꿰맨다. 시작과 끝은 박음질한다.

흰 펠트에서 21×0.5cm의 줄 4개를 잘라 체크판 테두리 주위에 풀로 붙이고 솔기를 숨긴다. 25cm의 펠트 정사각형 2장의 안쪽을 맞대고 가장자리에서 0.5cm 겉에서 흰 실로 꿰맨다.

게임조각

A와 4mm 코바늘로 다음 같이 작업한다.

Rnd 1 : dc6 원형뜨기, 연결위해 빼뜨기

Rnd 2 : ch1, 각 코에 dc2, 연결위해 빼뜨기 – 12코

실을 잘라 매듭짓고 마무리, A로 12개, B로 12개 만든다.

볼링 세트 니트knitted bowling set

응용은 273쪽을 보세요.

재료

- 털실 : 세퍼드 쉐이드
  (Shepherd's Shades,
  울 100%) 100g–120m
  (A) 진주색 5타래
  (B) 빨간색 1타래
- 울 로빙, 진갈색 50g
- 대바늘 6mm
- 말린 콩 또는 쌀
- 천 또는 플라스틱 주머니
- 속재료
- 태피스트리용 바늘
- 펠트용 바늘 38 사이즈
- 펠트용 폼 패드

신축성 : 4½코–6단–2.5cm

완성품 크기 : 높이 18cm
           넓이 7.5cm

만드는 방법

A로 CO8, 대바늘 3개에 나눈다. 원형으로 연결하고, 이 코를 원형의 끝으로 삼는다.

Rnd 1 : k
Rnd 2 : 각 코를 둘러 k1f &b
 – 16코
Rnds 3–5 : k
Rnd 6 : 2단 반복 – 32코
Rnd 7 : p
Rnds 8–27 : k
Rnd 28 : [k6, k2tog] 4회 – 28코
Rnd 29 : [k5, k2tog] 4회 – 24코
Rnd 30 : [k4, k2tog] 4회 – 20코

천이나 플라스틱 주머니 안에 25g의 말린 콩 또는 쌀을 넣고 봉한다. 속을 채우기 시작해 끝까지 채운다.

Rnd 31: k
Rnd 32 : B로 바꾸되 A는 자르지 않고 겉뜨기
Rnds 33–35 : k

Rnd 36 : A로 바꾸고 B는 잘라 겉뜨기한다.
Rnds 37–38 : k
Rnd 39 : [k5, m1] 4회 – 24코
Rnd 40 : [k6, m1] 4회 – 28코
Rnd 41 : [k7, m1] 4회 – 32코
Rnds 42–47 : k
Rnd 48 : [k6, k2tog] 4회 – 28코
Rnd 49 : [k5, k2tog] 4회 – 24코
Rnd 50 : [k4, k2tog] 4회 – 20코
Rnd 51 : [k3, k2tog] 4회 – 16코
Rnd 52 : [k2, k2tog] 4회 – 12코
Rnd 53 : [k1, k2tog] 4회 – 8코

실을 자르고 마지막 8코를 통과시켜 실 끝을 마무리한다. 핀을 5개 더 만들어 미니세트로 꾸미거나 9개 더 만들어 전체를 완성한다. 48쪽의 바늘꽂이 도안을 따라 진갈색 울 로빙을 니들펠트하여 지름 10cm의 볼링공을 만든다.

아기 요가 매트 baby yoga mat

응용은 274쪽을 보세요.

재료

■ 천 : 로버트 카프만 로어
   (Robert Kaufman Roar,
   면 100%)
   버뮤다 천 45cm,
   모다 무슬린(면 100%)
   흰색으로 45cm
■ 줄자
■ 초크
■ 옷핀
■ 재봉틀(선택사항)
■ 바느질용 실, 황백색
■ 포인트 터너

완성품 크기 : 넓이 46cm
           길이 92cm

주의 : 바닥에 까는 고무패드
     를 뒷면에 붙여 매트가
     미끄럽지 않게 한다.

만드는 방법

버뮤다 천과 흰색 천의 겉면을 맞대고 놓는다. 위에 48×94cm 직사각형을 그려 2장을 함께 자른다.

겉면을 맞대고 시접을 1cm 남겨 두고 세 가장자리를 따라 꿰맨다. 가장자리 한쪽을 48cm 열어 둔다. 솔기에 너무 가까이 자르지 않도록 조심하며 네 모서리를 모두 자르고 속을 뒤집는다. 포인트 터너로 모서리를 민다.

매트 가장자리를 납작하게 누른다. 열린 가장자리를 1.25cm 안으로 접어 핀으로 고정한 후 누른다. 핀으로 고정한 48cm 가장자리에서부터 1cm 가장자리 안쪽을 겉에서 꿰맨다.

낚시 게임보드go fish!

응용은 275쪽을 보세요.

재료

- 털실 : 코튼 플리스
  (Cotton Fleece, 면
  80%, 메리노 울 20%)
  100g–196cm
  (A) 진청색
  (B) 연청색
  (C) 연하늘색
  (D) 흰색 1타래씩
- 펠트 : 황갈색 25cm,
  2.5cm 지름의 회색 원 2개
- 대바늘 4mm
- 속재료
- 지름 1.25cm의 둥근 강력자석
  4개
- 대나무 꼬챙이
- 마스킹 테이프
- 줄자
- 초크
- 바느질용 바늘
- 흰색 자수용 실

신축성 : 5코–6단–2.5cm
완성 물고기 크기 : 길이 9.5cm,
넓이 2.5cm, 높이 4cm
완성 낚싯대 크기 :
길이 62.5cm, 넓이 1.5cm, 고
리 쪽 넓이 2.25cm

만드는 방법

물고기

A와 4mm 대바늘로 CO 10코

R1(WS) : p

R2(RS) : k1, ssk, 마지막 3코까지 k, k2tog, k1 – 8코

R3과 나머지 홀수 단 : p

R4와 6 : 2단 반복 – 단마다 2코씩 줄어든다.

R8 : k1, m1, 마지막 코까지 k, m1, k1 – 6코

R10와 12 : 8단 반복 – 단마다 2코씩 줄어든다.

R14–19 : k st st.

R20 : k1, ssk, 마지막 3코까지 k, k2tog, k1 – 8코

R22와 24 : 20단 반복 – 단마다 2코씩 줄어든다.

R26 : k2tog 2회 – 2코

BO하고 1–26단을 반복하여 물고기의 반대쪽을 만든다. 한쪽에 여분의 털실을 남겨 자른다. 겉면을 맞대고 입에서부터 몸통을 따라 메리야스 잇기, 2.5cm정도 남기고 살짝 속을 채운다. 입 안에 자석을 넣어 봉하고 실을 안에 숨긴다. B와 C를 사용해 물고기를 더 만든다.

낚싯대

D를 36cm로 잘라 낚싯줄을 만든다. 양 끝을 매듭짓는다. 25cm 대나무 꼬챙이를 준비하고 마스킹 테이프를 감는다. 황갈색 펠트에서 3.5×28cm 직사각형을 자른다. 긴 쪽을 반으로 접고 가장자리에서 0.5cm 떨어진 곳을 꿰맨다. 하단의 구멍으로 꼬챙이를 끼운다. 매듭지은 낚싯줄을 넣고 꿰매어 봉한다.

회색 펠트에서 2.5cm 원 2장을 잘라 고리를 만든다. 흰 실을 2겹 꼬아 가장자리를 따라 박음질한다. 자석과 매듭지은 낚싯줄을 넣고 꿰맨 후 실을 안에 숨긴다.

OX 니트 & 펠트knitted & felt noughts and crosses

재료

- 털실 : 소모사
  (울 85%, 앙고라 15%)
  100g–175m
  (A) 연두색
  (B) 상아색 1타래씩
- 펠트, 주황색 25cm
- 대바늘 5mm
- 태피스트리용 바늘
- 초크 또는 패브릭 마커
- 카드보드지
- 자수용 실, 흰색
- 자수용 바늘

완성 보드 크기 :
정사각형 16.5cm
완성 게임 조각 크기 :
높이 4cm

만드는 방법

게임보드

A로 CO 29코

R1–4 : [k1, p1] 멍석뜨기

R5 (RS) : k1, p1, k1, k23, k1,
p1, k1

R6(WS) : k1, p1, k1, p 23, k1,
p1, k1

R7–40 : 5–6단 반복

R41 : 5단 반복

R42–45 : [k1, p1] 멍석뜨기
BO하고 실 끝을 마무리한다.

태피스트리용 바늘과 B로 5단
에서 41단까지 양쪽에서 11번
째 코부터 세로로 두 선을 중
복뜨기한다. 태피스트리용 바
늘과 B로 15, 16, 28, 29단을
가로로 중복뜨기한다. 멍석뜨
기한 흰색의 안쪽은 4cm 정
사각형이 된다. 사진을 참고
하여 16.5cm의 정사각형을
만들자.

게임조각

카드보드지에 "X"자와 "O"자
를 인쇄하고 잘라 펠트에 대
고 그린다. 모두 5개씩, 두 겹
으로 자른다. 자수용 실 두 겹
으로 "O"자의 가장자리, "X"
자의 중간을 박음질한다.

실제 크기 : 확대 300%

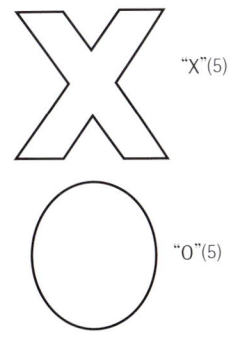

"X"(5)

"O"(5)

응용은 276쪽을 보세요.

땀 밴드 니트knitted sweatbands

응용은 277쪽을 보세요.

재료

- 털실 : 코튼 플리스(Cotton Fleece, 면 80%, 메리노 울 20%) 100g−196m
  (A) 터키옥색
  (B) 연두색 1타래씩
- 대바늘 4mm
- 태피스트리용 바늘

신축성 : 5½코−9단, 가터뜨기
손목밴드 크기 : 어린이용 소(중, 대)
완성품 크기 : 10cm (12.5cm, 15cm)
머리밴드 크기 : 어린이용 소(중, 대)
완성품 크기 : 40.5cm, 43cm, 45.5cm
참고 : 일자바늘로 작업하기 때문에 손목이나 머리에 대고 길이를 확인할 수 있다.

만드는 방법

손목밴드

A로 CO 10코, 4.5cm(5.5cm, 7cm) 가터뜨기한다. A를 매듭짓지 않고 B로 바꾼다.

다음 단을 겉뜨기하고 두 번째 단은 안뜨기, 세 번째 단을 겉뜨기한다. 메리야스뜨기로 세 번째 단을 시작할 때 뜨는 뒤쪽으로 파란 실을 빼 반대쪽으로 나오게 한다.

B를 매듭짓고 A로 바꾼다. 다음 단을 안뜨기하여 4.5cm 길이로 만든다(5.5cm, 7cm).

BO한 후 끝을 함께 메리야스 잇기하고 실 끝을 마무리한다. 손목 밴드를 하나 더 만들자.

머리밴드

A로 CO 10코, 19cm(20cm, 21.5cm) 가터뜨기한다. B를 매듭짓고 A로 바꾼다. 다음 단을 겉뜨기하고, 다음 6단을 메리야스뜨기하고 겉뜨기 단으로 끝낸다.

다음 단을 안뜨기하여 19cm로 만든다(20cm, 21.5cm).

BO하고 함께 메리야스 잇기한다. 실 끝을 마무리하고 파란색 메리야스뜨기 부분을 다른 실로 표시하여 가터뜨기 한 부분의 넓이와 동일하게 만든다.

주사위 도미노sewn dominoes

응용은 278쪽을 보세요.

재료

- 천 : 로버트 카프만 코나 코튼(Robert Kaufman Kona Cotton, 면 100%) 상아색 45cm
- 털실 : 코튼 플리스(Cotton Fleece, 면 80%, 메리노 울 20%) 100g-196m 검은색 1타래
- 줄자
- 초크
- 옷핀
- 바느질용 바늘
- 재봉틀(선택사항)
- 바느질용 실, 재료와 동일한 색
- 포인트 터너
- 속재료
- 코바늘 4mm
- 태피스트리용 바늘
- 옷감용 풀

완성품 크기 : 길이 10cm
　　　　　　　높이 20cm
　　　　　　　넓이 4cm

만드는 방법

본체

상아색 천에서 22×12cm의 직사각형 2장, 5.5×66cm의 줄 하나를 자른다.

옆면을 함께 두고 직사각형의 가장자리에 66cm 줄을 고정하고 끝에 1.25cm를 남긴다. 1cm 시접을 두고 가장자리를 따라 꿰맨다. 다른 직사각형을 줄의 가장자리에 고정하고 1cm 시접을 두고 꿰맨다.

모서리를 자르고 속을 뒤집는다. 모서리를 밀어 속을 채우고 공그르기로 봉한다.

면

검은 점 : 털실과 코바늘로 dc 6코 원형뜨기, 연결위해 빼뜨기, ch1, 각 코에 dc2, 빼뜨기하고 실을 잘라 마무리한다. 직사각형마다 사진처럼 점을 만들어 넣는다.

검은 선 : A로 ch16, 실 끝을 마무리하고 끝을 고정한다. 각 조각에 줄을 하나씩 만든다.

합치기

일반 도미노는 26조각으로 이뤄지며 1-6까지의 점으로 된 숫자 중 2개가 박혀있다. 각 조각은 서로 다른 숫자가 박히고 끝에는 숫자 없는 빈 도미노가 온다. 사진처럼 점을 배열하고 고정한다. 각 조각의 상-하단에서 10cm 위치에 선으로 나누고 줄을 고정하여 양면에서 1cm가 되도록 줄을 당긴다. 검은 실로 조각을 제 위치에 놓고 꿰매고 아래에 매듭을 숨긴다.

컵 & 공cup & ball

응용은 279쪽을 보세요.

재료

■ 털실 : 프라이드 수퍼워시
벌키(Pride Superwash Bulky,
울 100%) 100g–100m
(A) 회백색 1타래, 세퍼드
쉐이드(Shepherd's Shades,
울 100%) 100g–120cm
(B) 노랑연두 1타래
코튼 뱀부(Cotton Bamboo,
면 52%, 대나무 면사 48%)
100g–224m
(C) 주황색 1타래
■ 울 로빙, 흰색 7g
■ 빳빳한 펠트, 흰색
■ 코바늘 5.5mm
■ 대나무 꼬챙이
■ 마스킹 테이프
■ 속재료
■ 태피스트리용 바늘
■ 컴퍼스
■ 바느질용 바늘, C에 맞는
바늘
■ 펠트용 바늘 38 사이즈
■ 펠트용 폼 패드

신축성 : 4코–4 ½단–2.5cm
완성품 크기: 높이 23.5cm
넓이 6cm

만드는 방법

손잡이

A와 5.5mm 코바늘로 원형뜨기 dc8, 연결위해 빼뜨기. 각 코에 dc 15cm, 꿰맬 털실을 남기고 자른다. 대나무 꼬챙이를 15cm 자르고 끝을 마스킹 테이프로 덮는다. 손잡이 안에 넣고 단단히 속을 채운다.

컵

B와 5mm 코바늘로 원형뜨기 dc8, 연결위해 빼뜨기

Rnd 1 : ch1, 각 코에 dc2, 연결위해 빼뜨기 – 16코

Rnd 2 : ch1 [다음 코에 dc, 다음 코에 dc2] 둘러하고 연결위해 빼뜨기 – 24코

Rnd 3 : ch1 [다음 2코에 dc, 다음 코에 dc2] 둘러하고 연결위해 빼뜨기 – 32코

Rnd 4 : ch1, 각 코의 뒤 고리로 dc, 연결위해 빼뜨기

Rnds 5–15 : ch1, 각 코를 둘러 dc, 연결위해 빼뜨기
실을 자르고 실 끝을 마무리한다.

합치기

손잡이를 컵의 중앙 하단에 꿰매고 매듭지어 고정하고 실을 숨긴다. 빳빳한 펠트에 5cm 원을 그리고 잘라낸다. 원을 컵 안의 바닥에 놓고 가운데 "X"자로 꿰매 하단과 손잡이에 연결한다.

48쪽의 바늘꽂이 만드는 방법을 따라 2.5cm 흰 공을 니들 펠트한다. C를 46cm로 자르고 컵의 하단 손잡이와 만나는 지점에 매듭짓고 끝을 숨긴다. 바늘에 다른 끝을 꿰고 펠트 공을 찌른다. 털실을 30cm만큼 당긴다. 두 번 매듭지어 털실을 공에 고정시키고 남은 털실을 잘라낸다.

고리놀이 크로셰 & 펠트crochet & felt quoits   응용은 280쪽을 보세요.

재료

- 털실 : 소모사(울 100%)
  100g–224m
  (A) 터키옥색
  (B) 진보라
  (C) 노란색 1타래씩
- 펠트, 진갈색 25cm
- 줄자
- 초크
- 옷핀
- 재봉틀 (선택사항)
- 말린 콩 또는 쌀
- 속재료
- 자수용 실, 갈색
- 대나무 꼬챙이
- 코바늘 4mm
- 태피스트리용 바늘

신축성 : 5코–6단–2.5cm

링 크기 : 9.5cm

기둥 크기 : 길이 15cm
　　　　　 높이 38cm
　　　　　 넓이 15cm

만드는 방법

기둥

줄자와 초크를 사용해 16.5cm 정사각형 2장, 68.5×7.5cm 줄 1장, 10×28cm 직사각형 1장, 지름 3cm 원을 펠트에서 자른다.

정사각형의 가장자리를 따라 68.5cm 줄을 고정한다. 시접을 0.75cm 두고 꿰맨다. 7.5cm 줄의 열린 부분을 봉한다. 다른 정사각형을 줄 주위에 고정하고 하단 정사각형과 맞춘다. 시접을 0.75cm 두고 꿰매되 10cm 구멍을 남긴다.

말린 콩이나 쌀을 정사각형에 넣어 무겁게 만들고 속을 채워 봉한다. 10×28cm 직사각형을 접어 시접 0.75cm를 두고 28cm를 따라 꿰맨다. 뒤집고 끝에 3cm 원을 꿰맨다.

꼬챙이를 넣어 튜브 속을 단단히 채우고 하단에 최소 5cm 정도 튀어나오게 한다. 정사각형의 상단 가운데 작은 구멍을 내고 튜브가 위로 오게 꼬챙이를 꽂는다. 고정하고 갈색 자수용 실로 박음질하여 고정한다.

링

A로 ch8, 첫 ch에 연결위해 빼뜨기. 각 코를 둘러 25cm dc. 코바늘로 뜨고 속을 채워 링을 만든다. B와 C로 동일하게 작업하여 30cm, 35.5cm 크기의 링을 만든다. 매끄럽지 않은 연결 부분은 니들펠트한다. 링 크기를 달리하여 게임 수준을 높일 수 있으며 링을 더 크게 만들 수도 있다.

주사위 니들펠트needle felt dice

응용은 281쪽을 보세요.

재료
■ 울 로빙 : 빨간색 25g
  (마무리용 추가, 7g)
  흰색 7g
■ 펠트용 바늘 38 사이즈
■ 펠트용 폼 패드

완성품 크기 : 5cm 정육면체

만드는 방법

정육면체

빨간 로빙을 나누고 한쪽에서 시작해 옆을 안으로 집어넣으며 주사위를 만든다. 단단히 말수록 작업이 줄어든다. 말은 울을 잡고 열린 부분이 좌우에 오게 한다. 가운데 부분을 가로로 0.5cm만큼 좌우 열린 부분을 덮으며 정육면체를 만든다.

공을 폼 패드에 놓고 펠트용 바늘로 끝을 함께 찌른다. 끝 부분이 잘 마무리되면 느슨한 끝을 상–하단으로 당겨 성글게 만들고 자연스럽게 보이도록 살짝 누르며 두루 찌른다. 매끈하게 만들기 어려우면 울을 조금 떼어 주름진 부분을 덮고 니들펠트한다. 다른 느슨한 끝도 동일하게 작업한다.

납작한 면을 6개 만들어 단단한 형태가 잡히게 한다. 모양이 덜 잡혔다면 계속 찔러 울을 안쪽으로 밀어 넣으며 작업한다. 동일하게 작업해 주사위를 더 만든다.

점

흰 로빙을 조금 떼어 점을 만든다. 완벽하지 않아도 된다. 바늘 팁을 사용해 느슨한 부분을 집어넣으며 작업한다. 빨간 정육면체 한 면의 중앙에 놓고 손가락으로 잡는다. 펠트용 바늘로 정육면체의 흰 울을 찌른다. 바늘로 느슨한 부분을 조심스레 찔러 깨끗한 점이 만들어지게 한다. 이렇게 하면 주사위의 한 면이 만들어진다. 다른 면도 동일하게 진행한다.

다트 크로셰 & 펠트 crochet & felt darts

응용은 282쪽을 보세요.

재료

- 털실 : 코튼 플리스
  (Cotton Fleece, 면 80%,
  메리노 울 20%) 100g—196m
  (A) 황금색
  (B) 진분홍 1타래씩
- 펠트 : 터키옥색 45cm
  남색 25cm
- 빳빳한 펠트, 30cm 정사각형
- 컴퍼스
- 줄
- 패브릭 마커
- 바느질용 바늘 또는 재봉틀
- 바느질용 실, 펠트와 동일한
  색상과 시침질용과 대조되는
  색상
- 후크 & 루프 패스너, 4cm
  넓이로 흰색과 진분홍
- 코바늘 크기 4mm
- 말린 쌀
- 태피스트리용 바늘
- 컴퍼스

신축성 : 5코—5단—2.5cm
다트 보드 크기 : 지름 33cm
다트 크기 : 지름 4cm
넓이 2cm

만드는 방법

보드

지름 33cm 2장과 10cm 원 1장을 옥색 펠트에서 자르고 남색 펠트에서 지름 10cm 원 1장을 자른다. 빳빳한 펠트에서 지름 30cm 원을 자른다. 줄을 원의 반지름 길이로 만들어 한쪽 끝은 연필에, 다른 쪽은 패브릭 마커에 묶는다. 연필을 원 중앙에 고정하고 줄을 팽팽하게 만들어 원형을 그린다.

20cm 남색 원을 30cm 옥색 원 중앙에 놓고 시친다. 10cm 옥색 원을 남색 원 중앙에 올려놓고 시침질로 고정한다. 원 2개를 가장자리에서 0.25cm 안쪽에 놓고 같은 색실로 꿰맨다.

4cm 분홍색 정사각형 1개, 6×4cm 분홍색 직사각형 6개, 4×4cm 흰색 정사각형 6개를 후크 & 루프 패스너에서 자른다. 4cm 분홍색 정사각형을 10cm 원의 중앙에 시친다. 흰 정사각형을 남색 원 주위에 균일하게 시치고 분홍색 직사각형의 긴 면을 옥색 원 주위에 시쳐서 사진과 같이 흰 정사각형 사이에 배열시켜 보드에 모두 꿰맨다. 빳빳한 펠트를 옥색 원 사이에 놓는다. C를 30cm로 자르고 양끝을 이중 매듭지어 중심으로 사용한다. 털실의 각 끝을 분홍색 직사각형 위에 15cm 간격으로 놓고 펠트 사이에 고정한다. 원을 함께 고정하고 같은 색실로 가장자리를 둘러 0.25cm 꿰맨 후 핀을 뺀다.

다트

A로 원형뜨기 dc6, 첫 ch에 연결위해 빼뜨기

Rnd 1 : ch1, 각 ch를 둘러 dc2, 연결위해 빼뜨기 – 12코

Rnd 2 : ch1 [다음 코에 dc, 다음 코에 dc2] 둘러하고 연결위해 빼뜨기 – 18코

Rnd 3 : ch1 [다음 2코에 dc, 다음 코에 dc2] 둘러하고 연결위해 빼뜨기 – 24코

Rnds 4-5 : ch1, 각 코를 둘러 dc, 연결위해 빼뜨기

Rnd 6 : ch1 [다음 3코에 dc, skp1] 둘러하고 연결위해 빼뜨기 – 18코

Rnd 7 : ch1 [다음 2코에 dc, skp1] 둘러하고 연결위해 빼뜨기 – 12코

Rnd 8 : ch1 [다음 코에 dc, skp1] 둘러하고 연결위해 빼뜨기 – 6코

쌀을 채워 매듭짓고 실을 숨긴다. A로 다트 2개, B로 3개 만든다. 컴퍼스로 지름 3cm 원을 후크 & 루프 패스너 뒷면에 그린다. 원형으로 자르고 다트 뒤에 하나씩 꿰맨다.

후크 & 루프 패스너가 다트보드를 향하게 하여 다트를 던진다. 손 전체로 다트를 던지면 방향이 돌지 않아 후크 & 루프 패스너 부분이 앞쪽을 향해 던져질 것이다.

당나귀 꼬리 달기pin the tail on the donkey

재료

- 털실 : 코튼 플리스
  (Cotton Fleece, 면
  80%, 메리노 울 20%)
  100g─196m
  (A) 빨간색
  (B) 초록색
  (C) 진갈색
- 천 : 로버트 카프만 코나
  코튼(Robert Kaufman Kona
  Cotton, 면 100%)
  상아색 45cm,
  꽃무늬 천 45cm
- 울 펠트, 크림색
- 라이트 웨이트 퓨저블
  인터페이싱
- 줄자
- 초크
- 바느질용 실, 분홍색과
  상아색
- 스태빌라이저

보드 크기 : 넓이 62.5cm
　　　　　높이 60cm
꼬리 길이 : 높이 12cm
　　　　　상단 넓이 3cm

만드는 방법

보드

상아색 천은 겉면을 맞대고 반으로 접는다. 접은 선에서 높이 68.5cm, 넓이 34cm 크기를 줄자와 초크로 그린다. 선을 따라 잘라 68.5cm 정사각형을 만든다. 안쪽 면의 가장자리 세 면의 2.5cm 안쪽에 선을 그린다. 다보를 끼울 공간을 만들기 위해 가장자리를 따라 7.5cm 부분을 표시하고 초크로 선을 그린다. 가장자리를 안쪽 2.5cm 선 방향으로 누른다. 천을 겉으로 뒤집고 상아색 실로 가장자리 세 면을 1cm 떨어진 곳에서 꿰맨다. 천을 안으로 뒤집고 상단 가장자리를 안쪽 방향 7.5cm 쪽으로 접는다. 천을 겉으로 뒤집고 가장자리에서 2.5cm 떨어진 곳을 꿰맨다.

당나귀

당나귀를 쉽게 그리기 위해 도안이 반대로 되어 있다. 퓨저블 인터페이싱의 웹에 붙은 라이너 종이에 당나귀를 따라 그린다. 선 밖으로 인터페이싱을 자른다. 다리미로 꽃무늬 천의 안쪽 면을 몇 초 다려 편다. 인터페이싱과 천을 자른다. 뒷면 종이를 떼고 웹은 당나귀에 붙어있게 한다. 상아색 천 뒷면에 주름이 없는지 확인하고 당나귀를 가운데 놓는다. 다리미를 뜨겁게 하여 10─20초간 다린다.

스태빌라이저를 당나귀보다 크게 자르고 천의 안쪽 당나귀 뒤에 놓는다. 분홍실과 재봉틀로 넓이 0.25cm의 지그재그로 꿰매되 바늘땀은 가능한 짧게 유지한다. 당나귀 주위를 꿰매고 응용은 283쪽을 보세요.

실제 크기 : 확대 1225%

당나귀 템플릿

천이 쉽게 나오지 않도록 지그재그 스티치를 넓게 한다.

꼬리

A를 65cm 길이로 6개 잘라 반으로 접는다. 접은 부위에서 2cm 아래에 매듭을 짓는다. 매듭지은 끝을 테이블이나 보드에 테이프로 붙이고 털실을 4겹씩 세 갈래로 나눈다. 다시 9.5cm 길이로 땋고 매듭짓는다. 술을 5cm 남기고 나머지를 자른다. 크림색 펠트에서 2.5cm 정사각형을 자른다. 펠트를 매듭 상단 뒤에 놓고 가운데 매듭을 꿰맨다.

A, B, C 털실로 1–4를 반복해 색상 별로 꼬리를 2개씩 만든다. 사람이 많다면 꼬리를 더 만든다. 당나귀에 꼬리를 달 때는 양면테이프를 사용한다.

잭스jacks

응용은 284쪽을 보세요.

재료

■ 털실 : 와일드풋 럭셔리 속
(Wildfoote Luxury Sock,
세탁가능 울 75%, 나일론
25%) 50g-196m
터키옥색 1타래
■ 코바늘 3.25mm
■ 속재료
■ 태피스트리용 바늘

신축성 : 6½코-9단-2.5cm

완성품 크기 : 높이 9cm
넓이 9cm

만드는 방법

중앙 부분

코바늘과 털실로 원형뜨기 dc8, 연결위해 처음 dc에 빼뜨기. 9cm가 될 때까지 각 코를 둘러 dc. 속을 꽉 채우고 실을 자른다. 실 끝을 집어넣고 잡아당겨 튜브를 봉한다. 잘 고정한 후 실 끝을 마무리한다.

갈래

코바늘과 털실로 원형뜨기 dc 6, 연결위해 처음 dc에 빼뜨기

Rnd 1 : ch1, 각 코에 dc2씩, 연결위해 빼뜨기 - 12코

Rnds 3-4 : ch1, 각 코를 둘러 dc, 연결위해 빼뜨기

Rnd 5 : ch1 [다음 코에 dc, skp1] 둘러하고 연결위해 빼뜨기 - 6코

Rnds 6-11 : ch1, 각 코를 둘러 dc, 연결위해 빼뜨기

꿰맬 여분의 털실을 남기고 자른 후 속을 꽉 채운다. 3개 더 만든다.

9cm 크기의 코바늘뜨기한 튜브의 중앙 주위에 태피스트리용 바늘로 갈래를 하나씩 사선으로 꿰맨다. 실 끝을 마무리한다.

잭스는 일반적으로 10개가 한 세트이나 코바늘뜨기 잭스는 크기가 훨씬 크므로 5개만 만든다. 고무공을 구비해 잭스 게임을 해보자.

콩 주머니 세트 sewn beanbag toss

응용은 285쪽을 보세요.

재료

- 천(면 100%) : 빨간색으로
  45cm,
  줄무늬 25cm
  육각형무늬 25cm
  작은 점무늬 25cm
  흰 원형무늬 25cm
- 회색 리본, 2cm 넓이에
  길이는 38cm를 4개로
  자른다.
- 바느질용 실, 천과 동일한 색
- 포인트 터너 또는 막대
- 카드보드지
- 자수용 실, 분홍색
- 말린 콩 또는 쌀

보드 크기 : 50cm 정사각형

콩 주머니 크기 : 12cm 정사각형

만드는 방법

패브릭 보드

줄자와 초크를 사용해 빨간색 천에서 53cm 정사각형을 자른다.

리본 2조각을 함께 놓고 위 정사각형의 겉면을 맞댄 사이에 넣는다. 리본을 모서리에서 1.25cm 안쪽에 핀으로 고정하고 길이가 완벽하게 들어가게 한다. 반대쪽 모서리도 동일하게 작업한다. 이렇게 하면 보드를 매다는 끈이 만들어진다.

시접을 1.25cm 남겨 세 가장자리를 꿰매고 리본의 가장자리가 안으로 들어가게 한다. 네 모서리를 솔기에 너무 가깝지 않게 자르고 속을 뒤집고 모서리를 밖으로 민다.

보드 가장자리를 납작하게 누른다. 열린 가장자리를 1.25cm 안으로 접고 핀으로 고정하고 누른다. 핀을 꽂은 가장자리에서 시작해 정사각형 주위를 따라 1cm 안쪽을 겉에서 꿰맨다.

카드보드지에 12cm 원을 그리고 잘라낸다. 정사각형의 상단 가운데, 하단의 옆면에서 19cm 안쪽에 원의 위치를 표시한다. 원 주위에 핀을 몇 개 꽂아 움직이지 않게 만들고 원에서 1.25cm 바깥부분을 따라 초크로 그린다.

가운데를 접어 천 2겹을 모두 자른다. 중앙에서 시작해 첫번째 12cm 원의 선에 닿으면 멈추고 삼각형을 자른다. 이렇게 하면 원을 똑같이 자를 수 있다. 원을 잘라내기 위해 구멍 낸 곳에서 초크 선을 따라 자른다.

원 가장자리에서 1.25cm 떨어진 곳에서 원 주위의 1.25cm 선까지 자른다. 이 가장자리를 한 번에 한 부분씩 모두 안으로 접고 누른다.

가장자리를 따라 핀으로 고정하고 분홍색 자수용 실 3겹으로 가장자리에서 0.5cm 떨어진 곳을 모두 둘러 박음질한다.

콩 주머니

줄자와 초크를 사용해 콩 주머니 천에서 15cm 정사각형 2장을 자른다.

정사각형 한 쌍의 겉면을 맞대고 핀으로 고정한 후 시접을 1.25cm 두고 세 가장자리를 꿰맨다. 모서리를 자른 후

속을 뒤집고 포인트 터너나 막대를 사용해 모서리를 밀어낸다.

열린 가장자리를 1.25cm 안으로 접고 누른다. 각 콩 주머니에 말린 콩이나 쌀을 채우고 핀으로 막는다. 흰 실로 가장

자리에서 0.75cm 안쪽을 꿰맨다. 반복하여 3개 더 만든다.

아령 크로셰

기본 디자인은 239쪽을 보세요.

천하장사

140쪽의 해적 크로셰 도안을 따라 만들되 털실 색을 바꾸어 힘센 장사를 만든다. 다리는 검은 털실로 코바늘뜨기하고 몸은 같은 양의 검은 털실로 바지를 만든다. 나머지 몸통과 팔은 황갈색 털실을 사용해 윗옷을 벗은 사람으로 만든다. 대머리를 만들고 얼굴에 수염을 수놓는다. 살짝 어두운 실로 가슴에 근육 모양을 수놓고 아령을 들 수 있도록 버튼으로 어깨와 팔을 연결한다.

아령 딸랑이

징글벨 공을 아령 끝에 넣어 딸랑이를 만든다.

기린머리 딸랑이

아령 크로셰 도안을 따라 노란 털실로 기린머리 딸랑이를 만든다. 딸랑이를 둥근 부위 안에 넣고 뜨면서 속을 채운다. 24단 끝에서 멈추고 마지막 8코에 털실을 통과시켜 잡아당기고 봉한다. 작고 노란 뿔을 2개 코바늘뜨기하고 머리 상단 중앙에 꿰맨다. 노란 펠트에서 귀를 잘라 양쪽에 꿰맨다. 눈과 코를 얼굴에 수놓는다.

줄무늬 아령

두 가지 색의 털실로 단마다 실을 바꿔 줄무늬 아령을 만든다.

손전등

아령 도안을 따르되 3단 끝까지 노란 털실을 사용해 불빛을 만들고 남은 부분은 빨간 털실로 손잡이 부분을 만든다. 24단 끝에서 멈추고 마지막 8코에 털실을 통과시킨 후 당겨 봉한다. 손잡이 중간에 펠트로 만든 작은 사각형 버튼을 꿰맨다.

응용

줄넘기 니트

기본 디자인은 240쪽을 보세요.

비즈 줄넘기(위 사진)

빨간색과 흰색 털실을 사용해 예쁜 비즈 줄넘기를 만들어보자. 줄넘기 도안을 따라 흰털실로 뜨기 시작한다. 코드 자수로 7.5cm 뜨면 빨간색으로 바꾸고 7.5cm 간격으로 색상을 바꿔가며 끝까지 작업한다. 기본을 따라 나머지를 진행하되 3cm 펠트 원의 손잡이는 생략한다.

이중 줄넘기

이중 줄넘기를 만들기 위해 5m 길이의 줄넘기 2개를 만든다. 적어도 3명의 아이들이 함께 놀 수 있다.

줄다리기

두꺼운 면 털실이나 두 겹의 털실로 줄다리기용 밧줄을 만들자. 가운데 튼튼한 줄을 넣고 밧줄은 15m 길이의 줄 3개를 꼬아 만든다. 끝에 매듭을 지어 단단히 고정한다.

줄줄이 소시지

코드 자수로 50cm 뜨고 코드에 10코를 걸어 소시지를 만든다. 적갈색 털실로 뜨면서 속을 채워 끝을 묶는다. 털실로 10cm마다 묶어 줄줄이 소시지로 만들고 120쪽의 음식과 함께 두자.

리본막대

줄넘기 만드는 방법의 손잡이를 따르되, 펠트를 38cm 늘려 체조용 리본막대로 만든다. 다보를 안에 넣고 속을 채운다. 막대의 양끝과 동일한 크기의 원을 펠트에서 잘라 꿰맨다. 40.5×5cm의 리본을 막대의 한쪽 끝 가운데 꿰맨다.

체스보드 만들기

기본 디자인은 243쪽을 보세요.

체스

243쪽의 도안대로 체스보드를 만들되 정사각형을 2.5cm에서 5cm로 늘린다. 4.5cm 정사각형 한쪽에 코바늘로 16코씩 뜨고 왕(1), 여왕(1), 룩(2), 비숍(2), 기사(2), 졸(8)을 수놓는다.

주사위놀이

펠트에서 38×23cm의 보드를 자르고, 대조되는 색상의 펠트에서 15×18cm 2장을 잘라 바닥부분의 상단에 꿰매 두 조각 사이와 주위에 2.5cm의 테두리를 만든다. 각 면에 넓이 2.5에 높이 7.5cm의 삼각형을 잘라 붙인다. 15×18cm의 가장자리 상단과 하단에 6개씩 사용한다. 색을 번갈아가며 삼각형을 꿰매고 체크도안처럼 원을 코바늘뜨기한다. 서로 다른 색으로 16개씩 갖고 논다.

뱀 & 사다리

기본을 따르되, 보드의 다른 공간을 연결하는 뱀과 사다리를 수놓는다. 체스보드 도안을 따라 원형의 게임 조각을 코바늘뜨기하고 260쪽을 참고하여 주사위를 만든다.

바둑

25cm 정사각형 중앙에 대조되는 색실로 23cm 정사각형을 수놓아 바둑판을 만든다. 체스보드 조각 만드는 방법을 따라 검은색과 빨간색 원을 40개씩 만든다.

체크 니트

251쪽의 OX 만드는 방법을 따르되 25cm 정사각형으로 확대한다. 빨간 털실로 보드를 뜨고 검은 털실로 체크를 이중뜨기한다. 빨간색과 검은색의 2.5cm 펠트 원을 두 겹 자른다. 두 장을 함께 꿰매 한 조각을 만든다. 빨간색과 검은색으로 12개를 구성한다.

응용

볼링 세트 니트

기본 디자인은 244쪽을 보세요.

버섯 핀 니들펠트

203쪽의 독버섯 니들펠트 도안을 따라 버섯을 6개 니들펠트하여 미니 볼링세트를 만들자. 7.5cm 공을 니들펠트하여 볼링공을 만든다.

해적 핀 크로셰

140쪽의 해적 크로셰 도안을 따르되, 핀을 만들기 위해 팔과 다리는 생략한다. 납작한 원을 코바늘뜨기하여 바닥을 만들고 핀의 바닥에 말린 콩을 채운다. 7.5cm 공을 니들펠트하여 볼링공을 만든다.

보체게임 니들펠트

9cm 공을 니들펠트하여 보체 공을 1개 만들고 빨간색과 파란색으로 12.5cm 공 4개를 만든다.

숲 속의 동물 핀

74쪽의 여우 도안을 참고하여 숲속의 동물로 볼링 핀을 만든다. 바닥에 말린 콩을 넣고 니들펠트한 볼링공에 고슴도치 모양을 수놓는다.

오리 핀 볼링

94쪽의 오리 도안을 참고하여 오리 10마리를 뜨개질하여 오리 핀 세트를 만든다. 6cm 공을 니들펠트하여 볼링공을 만든다.

응용

아기 요가 매트

기본 디자인은 247쪽을 보세요.

요가블록

255쪽의 도미노 만드는 방법을 따르되, 66cm의 줄을 12cm로 줄여 요가 블록을 만든다. 보라색 천으로 블록을 만들고 코바늘 도트는 생략한다.

깅엄체크 피크닉 담요(위 사진)

깅엄 천으로 아기용 피크닉 담요를 만든다. 60cm 정사각형을 잘라 가장자리끼리 말아 감친다. 가장자리 안쪽으로 1.25cm 접어 누르고 다시 1.25cm 접어 누른다. 천을 뒤집고 가장자리에서 0.5cm 겉에서 꿰맨다. 담요에 작은 무당벌레를 수놓는다.

장난감용 도로 매트

장난감 차와 버스를 올려놓을 76×101cm 크기의 플레이 매트를 만들자. 녹색 펠트로 바닥을 만들고 나무, 집, 다리, 길을 잘라 꿰맨다. 상상력을 발휘하여 재미있게 꾸며보자.

장난감농장 매트

106쪽의 농장 동물들을 위한 76×101cm 크기의 플레이 매트를 만들자. 녹색 천으로 바닥(잔디)을 만들고 연못, 덤불, 돼지우리를 아플리케한다. 148쪽의 인형의 집을 농가로 만들거나 변형하여 헛간을 만들자.

감각적인 놀이매트

101cm 정사각형 천을 두 겹 꿰매 아기용 매트를 만들되, 천 사이에 구겨진 비닐을 넣어 소리와 질감을 더하고 매트 위에 밝은 색상과 모양을 꿰맨다. 질감 있는 천을 사용하거나 바블 스티치(bobble stitch)를 대바늘뜨기하여 질감을 만들어낸다.

낚시 게임보드

기본 디자인은 *248쪽*을 보세요.

불가사리

펠트로 불가사리를 만들자. 펠트를 두 겹 자르고 함께 블랭킷스티치한다. 살짝 속을 채우고 안에 강력자석을 넣고 봉한다.

메기

248쪽의 물고기 도안을 따르되, 입 주변과 턱 아래에 검은 자수용 실을 매듭지어 수염을 만든다. 입 뒤에 강력자석을 넣고 속을 채워 봉한다.

엔젤피시(위 사진)

노란 펠트를 2장 잘라 엔젤피시를 만든다. 대바늘뜨기한 물고기를 참고하여 날렵한 지느러미 2개를 꼬리를 향하게 붙인다. 파란 세로줄을 붙이고 입 뒤에 강력자석을 넣고 속을 채워 봉한다.

연못 매트

물고기를 넣을 연못 놀이 매트를 만들자. 물고기와 위의 응용작품이 모두 들어갈 수 있도록 크게 만들자. 녹색 펠트로 잔디를 만들고 그 위에 타원형의 연못을 잘라 꿰맨다.

물고기 떼 모빌

물고기 니트 도안을 따라 단색의 물고기를 5개 만들자. 50쪽의 비행기 모빌처럼 물고기 떼를 줄에 매달고 자수용 후프의 안에 연결한다. 물고기를 길이와 색상에 맞춰 연결한다.

OX 니트 & 펠트

기본 디자인은 251쪽을 보세요.

빙고 니트

OX 보드 만드는 방법을 따르되, 테두리는 멍석뜨기하고 테두리 선은 이중뜨기한다. 18×20cm의 빙고 판은 겉뜨기하고, 2.5cm의 가로 열과 세로 열 5개를 만든다. 중앙에 별 모양을 꿰매고 상단에 "BINGO"라고 수놓는다. 보드를 여러 개만들고 1~75의 숫자를 카드에 임의대로 수놓는다. 243쪽 도안의 게임 조각과 동일하게 코바늘뜨기하여 빙고에 사용한다.

사방치기 매트

180×90cm의 놀이 매트를 만든다. 30cm 정사각형 천을 잘라 매트의 블록마다아플리케한다. 21.5×28cm 종이에 숫자를 인쇄하고 아플리케를 위한 도안으로활용한다. 매트 뒷면에 고무깔개를 붙여 미끄럼을 방지한다.

OX 오븐장갑

OX 보드 도안을 따르되, 체크무늬 선은 중복뜨기한다. 주황색 털실로 공간마다"X"와 "O" 또한 중복뜨기한다. 예쁜 오븐장갑이 만들어진다.

OX 보드

18cm 정사각형을 2개 잘라 OX 보드를 만든다. 상단에 선을 수놓고 겉을 맞대고 시접 0.5cm를 두어 꿰맨다. 한쪽 끝은 열어두고 속을 뒤집는다. 가장자리를 0.5cm 안쪽으로 접고 꿰매 봉한다. 남은 가장자리도 모두 꿰매고 펠트로 "X"와 "O"를 만든다.

자이언트 OX

재료의 양과 수치를 10배 늘려 커다란 OX 게임보드와 조각들을 만든다. 게임보드는 담요로 활용할 수도 있다.

응용

땀 밴드 니트

기본 디자인은 252쪽을 보세요.

손목밴드 타월

수건용 천을 10cm로 자르고 5cm 길이로 접는다. 252쪽의 헤어밴드와 손목밴드 완성품 크기에 맞추어 겉면을 맞대고 긴 가장자리를 따라 함께 꿰매 속을 뒤집는다. 짧은 가장자리를 안쪽으로 접어 밴드모양이 되도록 꿰맨다.

꽃무늬 헤어밴드

헤드밴드 도안을 따르되, 234쪽 모란 패브릭 응용의 데이지를 헤어밴드에 붙여 사용한다.

슈퍼히어로 소매

위의 손목밴드 만드는 방법으로 159쪽의 슈퍼히어로 망토에 나온 소매를 만든다. 밴드에는 청색을 쓰고 샛노란 털실로 줄무늬를 만든다. 파란색 번개를 노란 줄무늬 위에 수놓고 노란 펠트로 만든 "지느러미" 모양을 양쪽 밴드에 꿰맨다.

발 토시

종아리의 가장 두꺼운 부분을 잰 후 신축성에 따라 길이를 코로 나눈다. 측정한 치수보다 5cm정도 짧게 일자바늘로 고무뜨기한다. 고무뜨기는 신축성이 매우 좋아 조금 작게 만들어야 잘 맞는다. 무릎 바로 아래까지 뜨개질하고 꿰맬 여분을 남겨 실을 자른다. 긴 가장자리를 함께 메리야스 잇기하여 뒤를 연결한다. 나머지 한쪽도 동일하게 뜬다.

줄무늬 손목밴드

두 가지 색의 털실을 이용하여 2줄마다 색을 바꿔가며 헤어밴드와 손목밴드를 만든다. 두 색이 계속 이어지도록 같은 쪽의 털실을 꼬아가며 뜬다.

응용

주사위 도미노

기본 디자인은 255쪽을 보세요.

자이언트 도미노
도미노를 3배 크기로 만들면 베개, 쿠션 등으로 사용할 수 있다.

플래시카드
10×20cm의 펠트 두 겹을 잘라 플래시카드를 만든다. 빳빳한 펠트나 안감심지를 사이에 넣어 꿰맨다. 해, 구름, 자동차 같은 사물을 펠트로 만들고 붙인다. 카드 뒤에 사물의 이름을 수놓는다.

벽돌담
도미노 도안을 따르되, 긴 줄의 넓이를 두 배 늘려 폭신한 벽돌을 만든다. 적갈색 천으로 블록을 만들고 가느다란 흰 펠트 줄을 가장자리를 따라 꿰매 시멘트를 만든다. 벽돌을 10개 만들어 작은 벽을 만들어 보자.

작은 고층건물
기본 도안을 따라 22×12cm 직사각형을 길게 반으로 잘라 고층 건물 모양을 만든다. 빌딩에 높이가 다른 작은 창문을 수놓는다. 바닥에 말린 쌀이나 콩을 넣어 무겁게 만들고 96쪽의 T-렉스와 함께 놓는다.

퍼즐블록
도미노 도안을 따라 블록을 6개 만들고 두 줄로 바닥에 눕힌다. 블록 전체를 수놓아 큰 그림을 만들면 퍼즐이 된다.

응용

컵 & 공

기본 디자인은 256 쪽을 보세요

컵 & 공 펠트
6cm 크기의 원을 잘라 바닥을 만들고 9cm 높이의 사각형을 잘라 원 둘레에 맞춰 감는다. 함께 꿰매 컵을 만든다. 펠트 한 겹으로 15cm 길이의 손잡이를 만들고 솜을 채운다. 원을 잘라 바닥을 마무리하고 다른 쪽 끝을 컵의 바닥에 꿰맨다. 세우고 싶으면 손잡이 안에 다보를 넣는다. 컵 & 공 만드는 방법을 따라 공을 만들어 붙인다.

3컵 매직 트릭
코바늘 컵 도안을 따라 같은 색상의 털실로 컵 3개를 만든다. 컵이 튼튼하도록 단단하게 뜬다. 4cm 크기의 공을 48쪽의 바늘꽂이 만드는 방법을 따라 니들펠트한다.

스틱 & 링 게임
컵 & 공 도안을 따라 막대기를 만들고 259쪽의 링 만드는 방법을 따라 막대기의 2배 정도 두꺼운 작은 링을 만든다. 30-38cm 길이의 실을 링에 매고 다른 쪽은 막대기의 중간 정도에 맨다.

미니골프 게임
골프공을 만들기 위해 5cm 크기의 공을 니들펠트하고 펠트를 38cm 길이로 2겹 잘라 꿰매 골프채를 만들고, 컵을 옆으로 뉘여 게임을 한다.

찻잔 세트
코바늘 컵 도안을 따르되, 옆에 2코 넓이의 손잡이를 붙여 찻잔을 만든다. 펠트 2겹을 컵의 바닥보다 2.5cm 크게 잘라 함께 꿰매 컵받침을 만든다. 찻잔과 컵받침을 3개씩 더 만들어 세트를 구성한다.

응용
고리놀이 크로셰 & 펠트

기본 디자인은 259쪽을 보세요.

말발굽 고리

기본 도안을 따르되, 회색 털실을 사용한다. 두꺼운 철사를 넣고 속을 채워 U자 모양으로 구부린다. 실 끝을 매듭지어 마무리하고 말발굽 4개를 더 만든다.

유아용 고리 세트

기본 도안을 따르되, 가운데 기둥을 두툼하게 만들어 링이 잘 걸쳐지도록 한다. 무지개 색상을 활용해 두꺼운 링 6개를 조금씩 크게 코바늘뜨기하고 큰 링부터 작은 링 순으로 기둥에 끼운다.

여러 고리 기둥

링을 던질 기둥을 여럿 만든다. 게임이 좀 더 흥미진진하게 기둥을 서로 떨어뜨려 놓는다.

고리놀이 니트

기본 도안을 따라 기둥을 만든다. 47쪽의 니트 링 딸랑이 도안을 따라 니트 링을 만든다. 링을 좀 더 크게 만들기 위해 코 수를 늘린다. 게임이 좀 더 흥미진진하게 다양한 크기의 링을 만든다.

기린 고리 기둥

273쪽의 볼링 핀 도안을 따라 만들고 기린 얼굴을 수놓는다. 상단에 노란 털실로 뿔과 귀를 만들면 링을 던질 기둥이 만들어진다. 링을 적당한 크기로 코바늘 뜨기하여 던져 걸어보자.

주사위 니들펠트

기본 디자인은 260쪽을 보세요

주사위블록 니들펠트

각기 다른 색상의 울을 사용해 6개의 니들펠트 주사위를 만든다. 주사위를 함께 쌓아 올린 후 쓰러뜨려 보자!

주사위 그룹

빨간색 천에서 11.5cm 정사각형 6개를 잘라 앞면을 맞댄다. 시접을 0.5cm 정도 남겨 모서리를 함께 꿰매되, 한쪽 가장자리를 남겨 속을 뒤집는다. 솜을 채우고 공그르기로 봉한다. 1.25cm 흰색 펠트를 원형으로 잘라 주사위의 점을 만든다. 정육면체의 면에 1개에서 6개의 점을 꿰매고 만든다.

십이면체 주사위

공 모양을 니들펠트하여 납작한 면을 12개 만든다. 각 면을 오각형으로 만든다. 각 면에 1-12의 숫자를 흰 털실로 니들펠트한다. 숫자가 완성되면 털실을 자르고 실 끝을 주사위에 니들펠트한다.

알파벳 블록

펠트로 알파벳 블록을 바느질하고 솜을 채운다. 알파벳 26개를 자르되, A는 사과, B는 바나나와 같은 식으로 알파벳에 해당하는 모양을 잘라 각 블록의 두 면에 꿰맨다.

합체 퍼즐블록

블록 3개를 쌓았을 때 그림이 만들어지는 블록 3개를 만든다. 기린, 광대, 나무 등을 만들 수 있다. 펠트에 아플리케한다.

다트 크로셰 & 펠트

기본 디자인은 262쪽을 보세요.

잔디 다트 게임

커다란 잔디 다트 게임을 위해 링이 3개 있는 지름 91.5cm의 원을 꿰맨다. 268쪽의 콩 주머니 게임 만드는 방법을 참고하여 콩 주머니를 다트 대신 만들고 화살을 수놓는다.

펠트 다트

기본 도안을 따르되, 면을 사용한다. 펠트에서 6cm 원 2개를 잘라 다트를 만들고 앞면을 맞대고 함께 꿰맨다. 구멍을 통해 속을 뒤집고 말린 콩이나 쌀로 채운다. 두 가지 색으로 다트 5개 2세트를 만든다.

자석다트

쿠키 시트용 패브릭 슬립커버를 만들고 가운데 원형 링 3개를 아플리케하여 자석보드를 만든다. 다트 크로셰 & 펠트 도안을 따라 게임 조각을 코바늘뜨기하고 강력자석을 안에 넣어 털실로 봉한다.

어릿광대 다트

다트 크로셰 & 펠트 도안을 따르되, 링 대신 어릿광대 얼굴을 만들어 보드에 꿰맨다. 빨간색 원을 잘라 큰 코를 만들어 가운데 붙이고, 머리카락은 주황색 펠트, 얼굴은 흰색 펠트를 사용한다. 얼굴과 머리카락에 같은 색의 후크 & 아이(hook & eye)를 꿰맨다.

당나귀 꼬리

기본 디자인은 264쪽을 보세요.

어릿광대에 코 붙이기
패브릭 보드와 동일한 크기를 사용하고, 가운데 코가 없는 어릿광대를 아플리케한다. 빨간색 원을 펠트에서 잘라 코를 만들고 양면테이프를 붙여서 게임을 한다. 참여하는 사람 수에 맞춰 코를 여러 장 만든다.

유니콘에 뿔 붙이기
당나귀에 꼬리 달기를 따르되, 귀를 좀 더 짧게 만들어 말을 만든다. 노란색 펠트를 삼각형으로 잘라 유니콘의 뿔을 만들고 양면테이프를 사용해 게임을 한다. 참여하는 사람 수에 맞춰 뿔을 여러 장 만든다.

일각고래에 이빨 붙이기
71쪽의 고래 도안을 확대하여 보드 크기에 맞는 일각고래를 만든다. 보드의 왼쪽 부분에 아플리케할만한 이빨 공간을 남긴다. 펠트를 길고 좁다란 삼각 모양으로 잘라 고래의 이빨을 만든다. 양면테이프를 사용해 게임을 한다.

목마
당나귀 머리를 2배 확대하고 목을 붙여 목마를 만든다. 말의 머리와 목을 만들 천을 두 겹씩 자른다. 귀를 조금 작게 그리고 펠트에서 자른다. 머리를 만들 천을 함께 꿰매고 솜을 채우고 두꺼운 타월을 아래에 놓고 봉한다. 귀를 꿰매고 눈을 수놓는다. 털실을 붙여 말의 갈기를 만든다.

아기 담요 아플리케
담요 가운데 당나귀를 아플리케하고 여기저기 천으로 만든 꼬리를 꿰맨다.

잭스

기본 디자인은 267쪽을 보세요.

잭스 모빌

잭 5개를 코바늘뜨기하고 48쪽의 바늘꽂이 만드는 방법을 참고하여 7.5cm의 빨간 공 1개를 만든다. 18cm 자수용 후프에 만들어 놓은 작품을 각기 다른 길이의 실로 매단다.

잭스 갈랜드

잭 10개, 펠트 공 1개를 만들고 실로 함께 연결하여 어린이들이 갖고 놀게 한다.

잭스 화환

10-15개의 화환을 코바늘뜨기하고 함께 꿰매 잭스 화환을 만든다. 한쪽 모서리에 빨간 공 2-3개를 니들펠트하여 붙인다.

잭스 토스 게임

268쪽의 콩 주머니 도안을 따르되, 잭스에서 사용되는 공처럼 가운데 구멍을 따라 빨간 원을 아플리케한다. 공에 토스할 잭을 5개씩 2가지 색으로 2세트 만든다.

픽업스틱

잭스 도안의 튜브 코바늘뜨기 방법을 따라 25cm 길이의 막대기를 만든다. 힘을 주기 위해 얇은 다보를 가운데 넣는다. 막대기 20개를 코바늘뜨기하고 한 가지 색으로 한 세트 당 5개를 만든다. 막대기 하나는 줄무늬로 만들어 다른 막대기를 뒤집을 때 사용한다.

응용

콩 주머니 세트

기본 디자인은 268쪽을 보세요.

어릿광대 간식주기

어릿광대를 아플리케하고 게임을 할 수 있도록 가운데 구멍을 입으로 만든다. 펠트로 눈과 둥글고 빨간 코, 분홍 빛 뺨을 얼굴에 꿰맨다. 다양한 과일과 야채를 말린 콩으로 채워 만들면 어릿광대의 입에 던져 넣을 음식이 된다.

공 크로셰(사진)

아래 나오는 방법대로 저글링 공 3개를 만든다. 작은 코바늘로 단단하게 뜨개질하여 쌀이 삐져나오지 않게 한다. Rnd 1 : 매직 링으로 dc 6코, Rnd 2 : 각 코를 둘러 dc2 뜨기 – 12코, Rnd 3 : [다음 코에 dc, 다음 코에 dc2] 둘러가며 – 18코, Rnd 4 : [다음 2코에 dc, 다음 코에 dc2] 둘러가며 – 24코, Rnd 5 : [다음 3코에 dc, 다음 코에 dc2] 둘러가며 – 30코, Rnd 6 : [다음 4코에 dc, 다음 코에 dc2] 둘러가며 – 36코, Rnds 7 – 10 : 각 코를 둘러 dc 1코 뜨기 – 36코, Rnd 11 : [다음 4코에 dc, dc2tog] 둘러가며 – 30코, Rnd 12 : [다음 3코에 dc, dc2tog] 둘러가며 – 24코, Rnd 13 : [다음 2코에 dc, dc2tog] 둘러가며 – 18코, Rnd 14 : [다음 코에 dc, dc2tog] 둘러가며 – 12코, Rnd 15 : 둘러가며 dc2tog – 6코, 깔때기를 사용해 공 안에 쌀을 채우고 봉한다.

애플 토스

111쪽의 애플 니트 만드는 방법을 따라 빨간 사과 5개, 녹색 사과 5개를 만든다. 사과에 말린 콩을 채워 애플 토스 게임용 공을 만든다. 다양한 크기의 바구니를 사용해 게임의 난이도를 조절할 수 있다.

강아지 장난감

강아지 머리를 배경 천에 꿰매고 구멍을 내서 입을 만든다. 천을 뼈다귀 모양으로 잘라 말린 콩을 채워 만들어 강아지에게 던져 주는 게임을 한다.

찾아보기

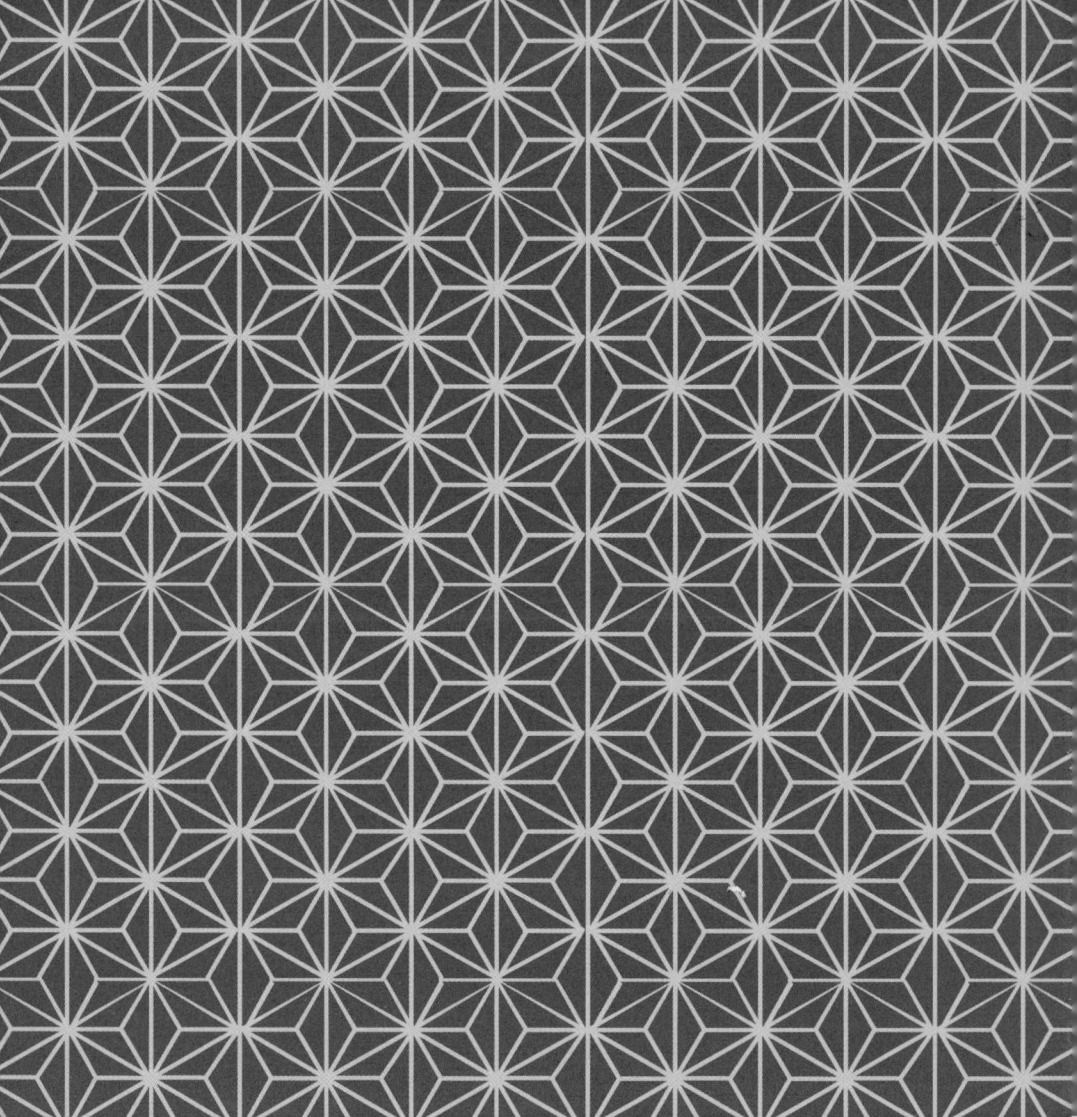